日本の未来を創る「啓育立国」

元文部科学大臣
下村博文

ACHIEVEMENT

はじめに

二〇一七年十月にアチーブメント株式会社の青木仁志社長と共著『志の力』（アチーブメント出版）を出版しました。青木社長は人材育成に携わり、一九八七年の会社設立以来、延べ四〇万名近くの研修を自ら担当されるとともに、多くの企業において人材の能力開発に尽力されてきた方です。私と青木社長には、「志を持つ」ことは人生における最も重要なことであるという共通の理念があります。この本をもとに二人で全国六カ所、約五〇〇〇人を対象に講演をしてきました。

十～二十年後には、日本の労働人口の約半数が人工知能（ＡＩ）やロボット等によって代替可能になるという推計があります。

そのような時代を生き抜くためには、常に社会の中で利他的な精神を持ち、愛を内包するような「志」を持つことが必要であり、これがＡＩやロボットに代替されない能力の源になると、私は考えています。

厳しい時代の中で何度も心が折れそうになっても、這い上がることができる前向きなエネルギーを持つことができるのは、「志の力」があるからです。

私は『志の力』の冒頭で、「今から約30年後、あなたは何をしていますか？」という問いを投げかけました。本書でも同様の問いを発しています。

こうした問いかけに対して明確な答えを持ち、正しく将来を予想できる人はほとんどいないと思います。なぜなら、ＡＩやロボット、ＩｏＴ（モノのインターネット）をはじめとするさまざまな技術の進歩が、これから私たちの社会に劇的な変化をもたらすと考えられるからです。第四次産業革命による生産革命も起こってくる可能性があります。

科学技術は指数関数的に成長しています。これからの十年間に、過去十年間とは比べものにならないほどの変化を、私たちは経験することになるでしょう。これから訪れるのは、予測できない未来なのです。

科学技術イノベーションがもたらすのは、恩恵だけとは限りません。人の仕事を奪う可能性もあります。そのような今とはまったく異なる時代に、私たち人間が生きるとは、どういうことなのでしょうか。予測できない時代に対して、私たちは今からどのような備えをすればいいのでしょうか。

こうした問いに対する私なりの答えを、本書では述べています。そして、それは一人ひとりの生き方への回答であるにとどまらず、日本社会が抱える課題に対する答えでもあると信じています。これからの時代が予測困難であるとしても、一人ひとりの生き方をより良くしていき、日本社会全体をより良くしていくためにはどうしたらいいのか。私はこうした視点から本書を著しました。

そのキーワードとなるのが、「啓育《けいいく》」です。「教え育てる」これまでの「教育」から、「啓《ひら》き育てる」という「啓育」への転換が必要だと私は考えています。

今までは教育によって人材育成がなされていました。つまり、学校の先生や会社の上司から教えられた通りに学ぶ、指示された通りに働くことができる人が、優秀な人材として評価をされていました。それはまさしくインプット教育です。

しかしこれからの時代には、誰かのイエスマンとなってしまう人や組織は、次々に淘汰をされていくでしょう。次の時代に最も必要とされるのは、自ら考え、自ら判断し、自ら行動できる人材です。よりクリエイティブにものごとを考えることのできる、自立的な人間といってもいいでしょう。これは、従来の学校や企業そして社会全体が持つ「教育的な視点」では生み出すことができない人材です。

本書の中でも詳しく述べていますが、英語の「education」には本来、「人が持つ内的な能力を外に引き出す」という意味があります。明治期にこの英語の訳語として「教育」が採用されたのですが、実は「教え育てる」のではなく、「啓き育てる」ことが本来のeducationなのです。

私は、「教育」的思考法からこの「啓育」的思考法に学校や企業、そして社会全体が変わったとき、日本はより良い国になると考えています。

一人ひとりが自立し、自らの頭で考え、主体的に行動できるようになれば、日本は大きく変わります。インプット教育だけではなく、一人ひとりが意見を発信していくアウトプット教育が必要です。学校だけではなく、あらゆる分野で思考法を転換していくことが求められており、この転換ができるかどうかによって次の時代の日本も決まってくると私は考えています。

こうした視点から本書では、啓育の考え方、さまざまな分野で啓育がもたらすであろう変化、そしてこれから政策として進めるべき啓育的取り組みなどを述べています。

本書が、読者の皆様が将来、幸せに過ごせるための一助となるなら、筆者としてこれに勝る喜びはありません。すべての人が自らの能力を発揮し、未来を切り拓いていく上で参考となれば幸いです。

目次

第三章 啓育で子供も親も成長し、地域も変わる

第六章　啓育としての経済政策　181

序章　現代という時代

想像を絶する未来が訪れる

「百年後の日本社会の姿、人々の暮らしぶりはどのようなものだと思いますか」

そう聞かれても、ほとんどの人は答えに窮するのではないでしょうか。二十二世紀の西暦二一二〇年というのはあまりに遠く、その未来像を思い描くにはヒントが少なすぎます。

それでは、二十五年後の二〇四五年だとどうでしょうか？　今、小学校に通っている子供たちが、三十代になっている時代です。

四半世紀後の未来となると、現在と似たものだろうと考える人が増えるのではないでしょうか。年齢にもよるでしょうが、自らの人生を振り返って、二十五年前と現在がまるで別世界だと思っている人はむしろ少数派ではないかと思います。

もちろん、過去二十五年間にさまざまなテクノロジーの進歩は経験しています。したがって、テクノロジーの進歩にともなって、生活のありようや社会の仕組みがこれまでに変わってきたように、これからも自分を取り巻く世界は次第に変わっていくだろうとは想像しているでしょう。しかし総じていえば、二十五年後の未来はこれまでの延長線上にあると、多くの人は漠然と考えているのではないかと思います。

ところが、テクノロジーの進歩がもたらす未来は、二十年後、三十年後といえども、そのように予測可能なものではないと指摘する人物がいます。未来学者にしてアメリカを代表する発明家であり、人工知能（ＡＩ）の世界的権威でもあるレイ・カーツワイルです。彼は「シンギュラリティ（技術的特異点）」の到来を予見しています。

シンギュラリティとは何か。カーツワイルは次のように説きます。

「それは、テクノロジーが急速に変化し、それにより甚大な影響がもたらされ、人間の生活が後戻りできないほどに変容してしまうような、来るべき未来のことだ。それは理想郷でも地獄でもないが、ビジネスモデルや、死をも含めた人間のライフサイクルといった、人生の意味を考えるうえでよりどころとしている概念が、このとき、すっかり変容してしまうのである」（レイ・カーツワイル著『シンギュラリティは近い──人類が生命を超越するとき』井上健監訳・小野木明恵他訳、ＮＨＫ出版、二〇一六年）

そしてカーツワイルは、ＡＩが人間の知能を上回り、「人間の能力が根底から覆り変容するとき」、すなわちシンギュラリティの到来を、二〇四五年と予言しています。いわゆる「二〇四五年問題」を提起したのです。

テクノロジーは指数関数的に成長する

この「迫りくるシンギュラリティ」という概念の根本にあるのが、「人間が生みだしたテクノロジーの変化の速度は加速していて、その威力は、指数関数的な速度で拡大している」という基本的な考え方であるとカーツワイルは指摘しています。

指数関数的成長とは要するに、定数を掛けることで繰り返し拡大することです。この指数関数的成長の特徴は、最初の動きは小さくて目立たないけれど、「曲線の折れ曲がり点」を過ぎると、爆発的に増大することです。この特徴は、定数を足すことで繰り返し拡大する「線形的成長」と比較するとわかりやすいでしょう。

たとえば線形的成長では、「一、二、三、四、……」と、一を加えることを三〇回繰り返すと「三一」という数になりますが、指数関数的成長では、「一、二、四、八……」と二を掛け合わせることを三〇回繰り返すと、「一〇億七三七四万一八二四」という数字になるのです。

カーツワイルは次のように述べます。

図表　序-1　指数関数的成長と線形的成長

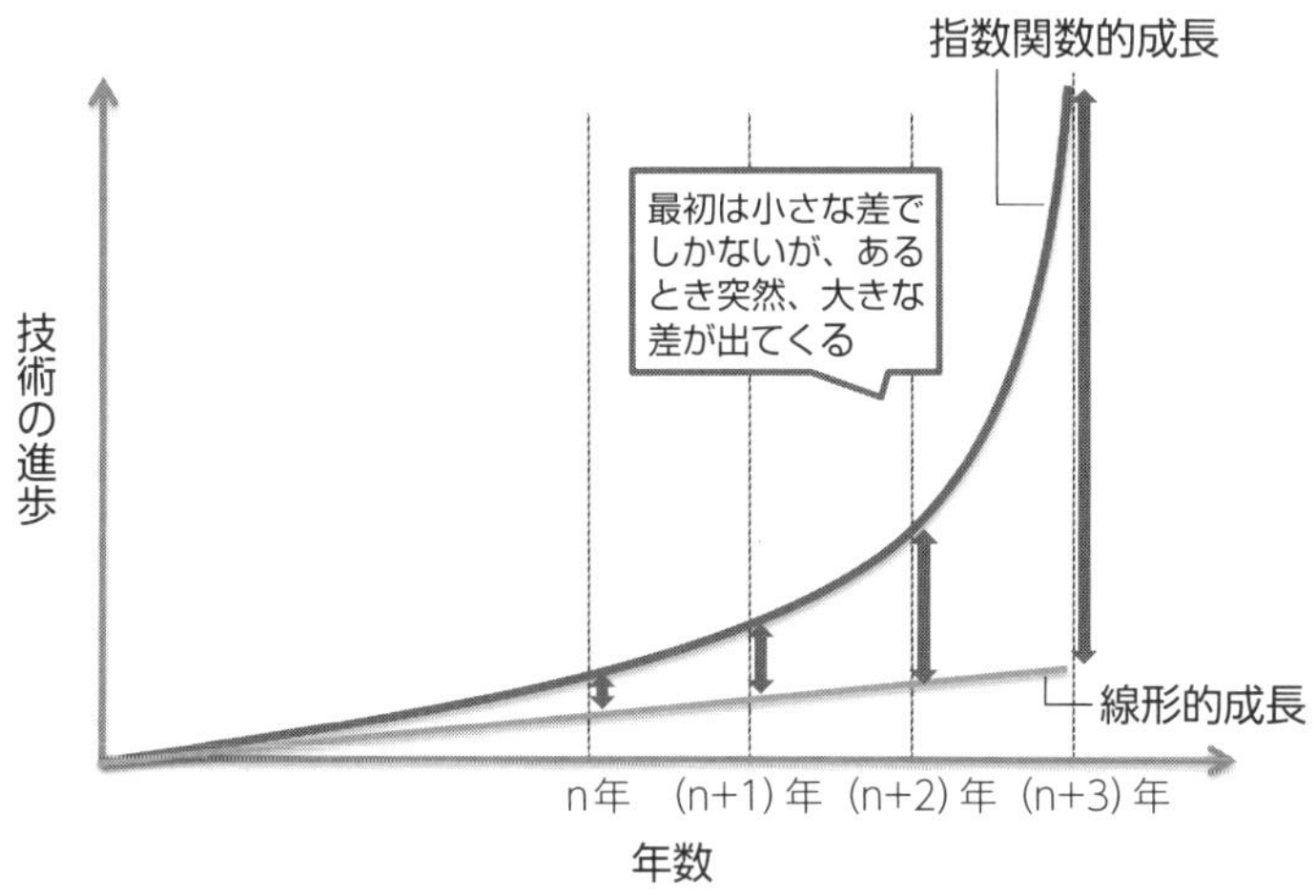

「人はたいてい、今の進歩率がそのまま未来まで続くと直感的に思い込む。長年生きてきて、変化のペースが時代とともに速くなることを身をもって経験している人でさえ、うっかりと直感に頼り、つい最近に経験した変化と同じ程度のペースでこれからも変化が続くと感じてしまう。なぜなら、数学的に考えると、指数関数曲線は、ほんの短い期間だけをとってみれば、まるで直線のように見えるからだ。そのため、識者でさえも、未来を予測するとなると、概して、現在の変化のペースをもとにして、次の一〇年や一〇〇年の見通しを立ててしまう。だからわたしは、こうした未来の見方を『直感的線形的』展望と名づけた。

しかし、テクノロジーの歴史を徹底して研

究すれば、テクノロジーの変化は指数関数的なものだということが明らかになる。指数関数的な成長は、どのような進化のプロセスにも見られる特徴で、中でもテクノロジーにおいて顕著だ」

では現在、テクノロジーはどのような成長過程にあるのでしょうか。カーツワイルの前掲書の原著がアメリカで刊行されたのは二〇〇五年のことですが、そこにはすでに次のように記されています。

「パラダイムシフト（技術革新）の起こる率が加速化している。今の時点では、一〇年ごとに二倍」

「ＩＴの能力（コストパフォーマンス、速度、容量、帯域幅）はさらに速いペースで指数関数的に成長している。今の時点で毎年およそ二倍」

「ＩＴにおいては、指数関数的成長にはさらに上の段階がある。指数関数的な成長率（指数）が、指数関数的に成長する、というものだ」

そしてＩＴがこのような成長を続けることで、二〇四〇年代中盤には一〇〇〇ドルで買えるコンピューティングの能力が、全人類の知能をはるかに上回るというのです。

ちなみに二〇二〇年代には、コンピューティングは長方形の装置（コンピュータ）で行われるのではなく、「あらゆる環境をとおして広く配信」されることになり、「コンピューティングはどこにでも存在するようになる」といいます。

感覚的に理解し難い倍々ゲームのすさまじさ

先に指数関数的成長の例として、「二倍を繰り返す」という操作を紹介しました。これについては、世界中にいろいろと面白い逸話があります。たとえばインドの「チェス盤と米粒問題」です。

古代インドの賢者が、チェスの原型となるゲームを発明しました。このゲームの出来をたいそう喜んだ王は、賢者に褒美を取らせることにしました。何が欲しいか、希望を聞かれた賢者は、こう答えます。

「お願いは簡単なことです。一粒の米をチェス盤の最初のマス目に置いてください。次のマス目には二粒、その次には四粒、そして八粒と、前のマス目の倍の数の米粒を順に六四マスの最後まで置いていただき、その盤上の米を頂戴したい。望みはそれだけでございます」

これを聞いた王は謙虚な望みだと嘉《よみ》して、望みの褒美を与えることにしました。しかし、六四のマス目に置かれる米を合計すると、一八四四京《けい》六七四四兆七三七億九五五万一六一五粒になるのです。

この数がどれくらいかというと、世界の人口を七〇億人、お茶碗一杯が三〇〇〇粒だと仮定して計算をすると、全世界の人々がお茶碗で約八七万杯のご飯を食べられる量です。仮に一人が一日にお茶碗一〇杯のご飯を食べるとするなら、七〇億人が約二百四十年間にわたって食べ続けられるという途方もない数です。

日本では、豊臣秀吉のお伽衆《とぎしゅう》、曽呂利新左衛門《そろりしんざえもん》のよく似た逸話が有名です。秀吉に褒美に何が欲しいか聞かれた新左衛門が、やはり米粒を一粒から倍増《ばいま》しで望みます。秀吉はたいした量にはならないだろうと承知しましたが、途中で、このままではとんでもない数になることがわかり、新左衛門に謝って別の褒美に換えさせた、という話です。

これらの逸話の面白いところは、古代インドの王も秀吉も、直感的に指数関数を理解できなかったというところです。彼らだけではありません。ほとんどの人が、この指数関数的成長の凄まじさを感覚として、理解できないのではないでしょうか。

米粒の倍々ゲームの例でも、最初のうちは大した変化には思えないでしょう。実際、チェス盤の一二マス目の米の数は二〇四八粒、お茶碗一杯にも満たない量です。それがあっという間に一キログラムを超え、一トンを超え、現在の日本の米収穫量を超え、さらに全世界の人々が何百年にもわたって食べ続けられるほどの量へと成長を続けるのです。

このような緩やかな成長から劇的な急成長への変化が、これからの時代に起こり得るということです。昨日までの技術が今日には時代遅れとなり、明日にはまったく新しい技術が取って代わるかもしれないのです。

黒電話からスマホへ――加速するイノベーション

私もこれまで生きた六十五年間に、さまざまな技術の進歩を経験しています。たとえば電話です。

私が子供の頃には、家庭に黒電話が普及し始めました。そのときは、交換手を呼び出して話したい相手の番号を伝え、取り次いでもらうという方式でした。その黒電話も、やがてダイヤル発信ができるようになります。また、公衆電話では、テレホンカード（通称テレカ）が使えるタイプの電話機も登場しました。

電話ではありませんが、相手を呼び出すためのポケットベル（通称ポケベル）が一九七〇年代から普及し始めます。

八〇年代までは外回りの営業職など、サラリーマンが主なユーザーでしたが、相手のポケベルに数ケタの数字を表示できるようになると、九〇年代には数字の語呂合わせでメッセージを送ることが、女子高生を中心に若者の間で大流行しました。携帯電話が普及する前の短期間ですが、ポケベルは相手がどこにいようとメッセージを送ることができる貴重な通信機器だったのです。

日本に初めて携帯電話が登場したのは、一九八五年のことです。今の携帯とは違い重さが三キログラムもあり、肩にかけて持ち運ぶタイプでした。しかし九〇年代になると端末の小型化・高機能化が急速に進み、携帯電話が一気に普及していきます。

私が携帯電話を初めて持ったのは、一九九〇年代半ば頃のことです。それ以来、携帯電話のない生活は考えられなくなっています。

そして二十一世紀には、それまでの携帯電話もあっという間に過去のものとなり、今や新たなスマートフォンやデジタル端末が次々に開発されています。

現在のスマートフォンは、昔の携帯電話では考えられなかったような機能を備えており、電話はもはや、多様な機能の一つにすぎなくなりました。インターネットに接続され、誰もがその便利さを享受する時代になりました。

今後は、そもそも「携帯」するのではなく、「身につける」ウェアラブル端末が続々と登場してくるでしょう。身体の一部に装着して、イヤホンで検索結果を聞いたり、メガネのレンズに映像を投影したりすることは、技術的にはすぐにも実現可能です。もしかしたらデバイスを身体の一部に埋め込む時代がくるかもしれません。

この例を見るだけでも、これまでの人類の歴史の中で、私たちが生きているこの時代ほど急速にテクノロジーが進歩発展した時代はなかったことがよくわかると思います。人類が何十万年の歴史の中で遂げた進歩発展をはるかに超える、指数関数的なイノベーションが進行しているということになります。

一八七六年、アレクサンダー・グラハム・ベルが電話機を発明しました。そして、世界で最初の携帯電話が試作されたのが一九七三年。ここまで約百年です。それから四十年で携帯電話が劇的に変化したことを考えると、今後はさらに指数関数的に技術が進歩していくと思います。

このように考えると、十年後、二十年後にはもっと飛躍的なイノベーションが起き、過去十年あるいは二十年の延長線上でなされる予測や想定をはるかに超える変化が起きているでしょう。

したがって私たちは、これまでの常識では判断がつかない、予想ができない、そういう未来が確実に訪れることを前提に、これからの社会を考えていかなければなりません。未来に備えて、今どのような準備をしていくかが問われると思います。

このようなパラダイムシフトが起きるということを正確に想定して、そのパラダイムシフトに乗り遅れないために、今という時代をどのように生きていくかが問われてくると思うのです。

おそらく、人間が行っている頭脳労働といわれる仕事の多くは、ＡＩによって代替されます。肉体労働はロボットによる代替がさらに進むでしょう。そういったことを予想し、次の時代に向かって備えていくことが、今この時点で求められているのだと思います。

私たちはどのような存在なのか

次の時代が今までとまったく違うということを述べましたが、私たち人間はそもそもどのような存在なのでしょうか。人は皆誰しも、幸せになりたいと思って生きています。人類はこれまでも科学技術のイノベーションによって、豊かさを生み出し、享受してきました。

今から数万年前は狩猟採集時代であり、その日の食べ物を得るために、狩りをしたり木の実を取ったりしていました。自ら体を動かし、自らの食料を確保する、そんな時代が何万年、何十万年も歴史的には続いていました。しかし現在、人類は科学の進歩を享受し、自らがその日の食べ物を狩りや採集によって獲得する必要はなくなりました。

さらに貨幣を発明することによって、物々交換ではなく貨幣を基本とする経済を生み出し、貨幣との交換により、誰かが作った美味しいパンを、誰かが作ってくれたおいしいコーヒーを、誰かが育ててくれたおいしい果物を、お店から買って、あるいはお店の中で食べることを可能にしました。

現在は経済が発展し、生産効率が上がったことによって、大量生産の恩恵を受けることができています。日本に住む私たちは食糧不足を感じることもなく、生活ができています。食糧だけではありません。衣類もそして住宅も日本では余っている状況といえるでしょう。最新の住宅・土地統計調査では全国の空き家数は八四〇万戸を超えています。

家庭内の環境も非常に良くなってきています。冬も夏もエアコンの効いた部屋で、寒さを感じることもなく、暑さを感じることもなく、快適に過ごすことができます。これまでの歴史を振り返ったとき、今生きている私たちは、物質的にはかつてなく恵まれた環境で生活することができています。衣食住の心配をすることもなく、高度に発展した社会の中で生活することができているのです。何万年も前と比べなくとも、わずか五十年前を振り返っても、現在、当時より豊かで便利な生活を享受することができているのではないでしょうか。

しかし一方で、過去の人類よりも現在の私たちのほうが確実に「幸せ」だといえるでしょうか。確かに、技術が発展し便利になりました。しかし社会不安も増えているのではないでしょうか。一人暮らしが増え、孤独のうちに亡くなる人も増えているという調査結果もあります。ニュースでは相変わらずさまざまな問題が報道されています。

そのようなものに触れるにつけ、現在は過去よりも幸福感が高いとは決して断言できない部分があると思います。つまり、一人ひとりの幸福感が過去に比べて現代人のほうがはるかに高いとはいえないということです。それはなぜでしょうか。物質的に豊かであり、衣食住の心配がない社会でなぜ幸福感を感じることができないのでしょうか。

それは、物質的な豊かさや環境の豊かさだけではなく、「心」の豊かさが伴わなければ、人は幸福感を感じることができないからです。

私は立場上、さまざまな境遇の人と出会うことがあります。お金持ちで社会的な地位を築かれた方にも会います。それだけではありません。家族と別れてしまったため、一人で大きな家に住み、毎日することもなく、ただ孤独な生活をしている人。若くして成功はしたものの、お金を増やすことだけに仕事の重きを置いていたため、ふと考えたとき何をしたいのかわからなくなり、鬱状態になってしまった人。こういった方は本当によくいます。

最近の話では、大学を卒業し、社会的にも知られた企業に勤めていたけれど、毎日の業務に追われ、その単なる作業としての仕事が辛くなり、生きることの意味がわからなくなって、引きこもりのような状況になってしまった人とも会いました。

つまり、私たちは物質的豊かさをただ追い求めるだけの存在ではありません。心の豊かさを求めながら生きていく存在こそが人間だということです。たとえ仕事で高額の収入を得たとしても、そこにやりがいや生きがいを感じることができず、また人のため、社会のために貢献をしているというような自己肯定感を持てなければ、人は虚しさを覚えるのです。

それは資本主義における負の面かもしれません。技術が進歩発展するためには、資本主義経済が必要不可欠です。しかし一方で、仕事をすることの意味や生きることの意味を私たちは考えずにきてしまったのかもしれません。ただ、お金に目がくらみ、人とはどういう存在か、問うことを忘れてしまったのかもしれません。

しかし、たとえ大金持ちになったとしても、己の強欲に身を任せ、他者を犠牲にして他者の悲しみの上に自分を勝利者としても、それは本当の成功とはいえないでしょう。そのことを、これだけ高度な社会になっている今だからこそ、私たちは改めて認識するときにきているのではないかと思います。

少数の「神のヒト」と大多数の「無用者階級」

ここで、イスラエルの歴史学者ユヴァル・ノア・ハラリが描く未来予想について紹介しておきましょう。

刊行以来、多くのメディアに取り上げられ、ベストセラーとなった『ホモ・デウス――テクノロジーとサピエンスの未来』(柴田裕之訳、河出書房新社、二〇一八年)の中で彼は、これからデータ至上主義の時代が来ると予想し、そのときに一部の「ホモ・サピエンス」(「賢いヒト」)は自らを「ホモ・デウス」にアップグレードさせると論じています。「デウス」とは「神」の意です。つまり「ホモ・デウス」とは「神のヒト」のことです。

そしてユヴァル・ノア・ハラリは、「ホモ・デウス」が誕生する時代、新たな階級が登場すると予想します。

「二一世紀には、私たちは新しい巨大な非労働者階級の誕生を目の当たりにするかもしれない。経済的価値や政治的価値、さらには芸術的価値さえ持たない人々、社会の繁栄と力と華々しさに何の貢献もしない人々だ。この『無用者階級』は失業しているだけではない。雇用不能なのだ」

その時代、少数の「ホモ・デウス」を除く人々は「無用者階級」となって、データ蓄積のソースとしての役割以外はなくなり、ほとんどの人は働くことがなくなるというのです。なぜ、多くの人々が無用者階級になるのかといえば、技術革新のスピードについてくことができないからです。ユヴァル・ノア・ハラリはこう記しています。

「現在子供たちが学校で習うことの大半は、彼らが四〇歳の誕生日を迎える頃にはおそらく時代後れになっているだろう。従来、人生は二つの主要な部分に分かれており、まず学ぶ時期があって、それに働く時期が続いていた。いくらもしないうちに、この伝統的なモデルは完全に廃《すた》れ、人間が取り残されないためには、一生を通して学び続け、繰

図表　序-2
「ホモ・サピエンス」が「ホモ・デウス」と「無用者階級」に分裂

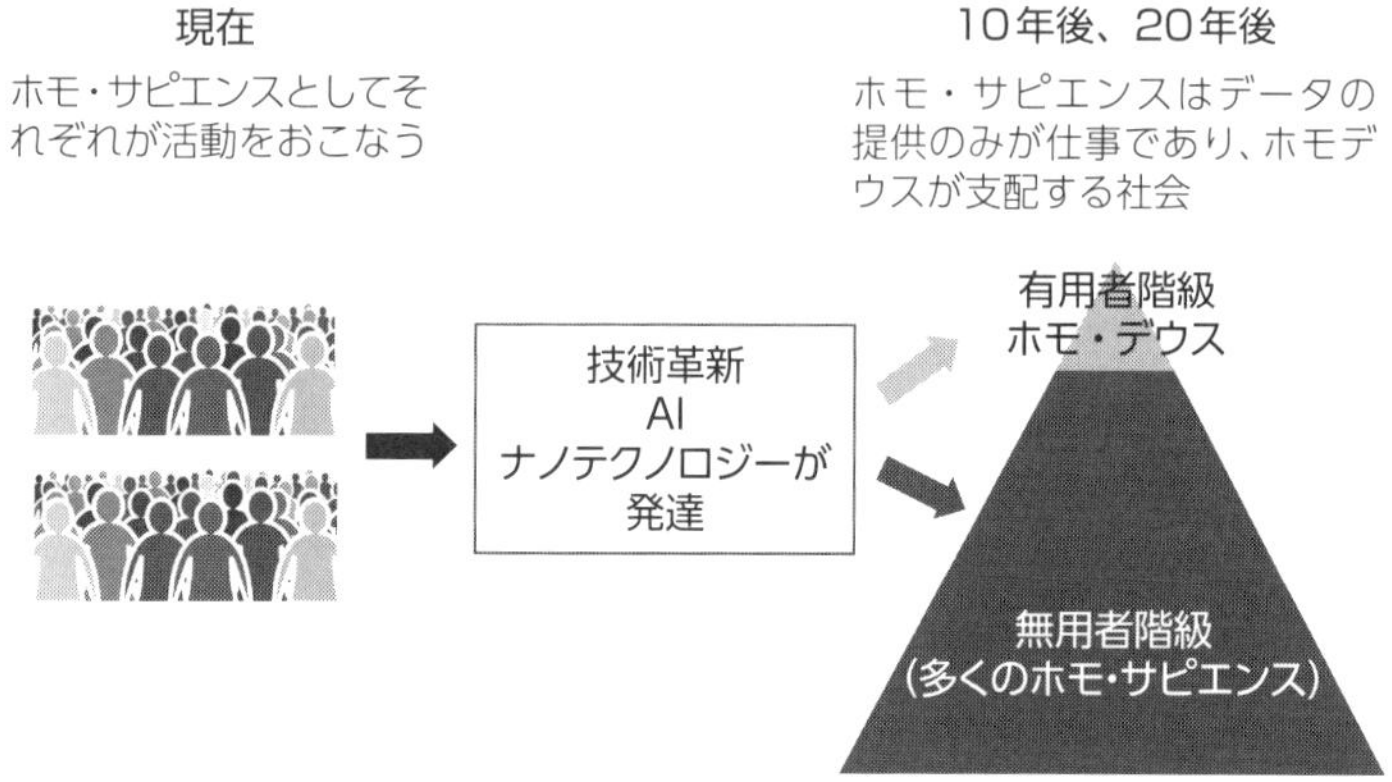

○全ての人類がホモ・デウスに進化するわけではない。ハラリ氏は「ＡＩを使えばコンピュータによって多くの作業が行われるため、人間は労働市場から追い出され、多くの人が経済的価値や政治力を失い、“無用者階級”となります。バイオテクノロジーによって、経済的でなく、はじめて生物学的な不平等が生まれるのです」と警鐘を鳴らしている。

出所：2018年10月18日放送「人間は神になる!?『ホモ・デウス』とは」(「NHKニュース　おはよう日本」ホームページより)

り返し自分を作り変えるしかなくなるだろう。大多数とは言わないまでも、多くの人間が、そうできないかもしれない」

では、無用者階級の人々はどのようにして生活の糧《かて》を得るのか。ユヴァル・ノア・ハラリは次のような未来図を描いて見せます。

「やがてテクノロジーが途方もない豊かさをもたらし、そうした無用の大衆がたとえまったく努力をしなくても、おそらく食べ物や支援を受けられるようになるだろう。だが、彼らには何をやらせて満足させておけばいいのか？　人は何かする必要がある。することがないと、頭がおかしくなる。彼らは一日中、何をすればいいのか？　薬物とコンピューターゲームというのが一つの答えかもしれない」

人が働かなくていい時代、それは決してバラ色の未来とはいえないようです。

ベーシックインカムの議論に必要な視点

ユヴァル・ノア・ハラリが予想するように、お金のために働く時代が終わろうとしているのかもしれません。なぜならば、これまでお金を支払って得ていた衣食住に関わる必需品が、さらなる生産効率の向上により、等しく人類に与えられる可能性があるからです。人類の長い歴史から見れば、これからの時代は物質的に最も恵まれた時代になるかもしれません。人々は技術の進歩がもたらす豊かさを、無償で享受できるのです。しかし、働かなくていい無用者となったとき、人は何のために生きるのでしょうか。

これと同様の論点を持っているのが、ベーシックインカムをめぐる議論です。ベーシックインカムとは、最低限所得保障の一種で、政府がすべての国民に対して最低限の生活を送るのに必要とされる額の現金を定期的に支給するという政策です。諸外国でも実験的取り組みがすでになされています。

ベーシックインカムが導入されれば、贅沢はできなくとも最低限度の生活は可能になります。この制度にはさまざまな論点がありますが、「人は何のために生きるのか」という議論を欠いてはならないと思います。

そのような根本的な議論を何もせず、ただ流れに任せてしまったら、多くの人たちは人生に虚しさを感じるのではないかと私は思います。自分という存在はただ自己の幸福を実現するためにあり、生きるために必要なモノを与えられた環境でただ生きている——そんな存在は虚しくないでしょうか。そうならないためにも、こうした議論が出ているこのときに、何のために生きるのか、仕事をするとはどういうことか、あらためて考えていく必要があるように思います。

私は「他者のため、社会のため、それらの幸福の向上に役に立っている、と思えるような生き方をすべき」ということを再度、見直すことが必要だと思っています。そういう生き方こそが、虚しさを克服するのです。

私たちは何のために生きているのか、生きるとはどういうことか——根本的に問い直すときがきていると思います。

私たちはどのような道に進むべきか

今までの議論を踏まえ日本の将来を考えてみると、これまでの延長線上に未来はないと思います。指数関数的に科学技術が発展すれば、これからの十年に、これまでの百年、ことによると千年にあたるような大きな変化が訪れる可能性があります。

そして、科学技術が進歩し、与えられることに慣れ、受け身で生きることが常態となると、その人生は虚しくなるのです。そのような時代に生きがいややりがいを持つには、個人の感性や感覚を変えるだけでなく、生きることの意味を社会として明確にしていく必要があると思います。

日本で生きるすべての人が、この未来に対して肯定的に捉え、明るい将来を想像できるよう、変えるところを変えていく必要があります。私はその根本の部分こそ、教育の改革だと思います。

私は文部科学大臣としてさまざまな教育改革に取り組みました。たとえば、それまでマークシート方式だけだった大学入試センター試験に記述式問題を追加しました。これからの時代においては、どれだけ知っているかという量の問題より、どう考えるかという質の問題が問われてくると考えたからです。

暗記・記憶を中心としたこれまでの日本の教育では、私たちは十年後に輝かしい未来を実現できないでしょう。時代の大きな変化を乗り越えていくために、私たちは新たな武器が必要になってきているのです。

その武器とは三つの能力です。現在のＡＩがどれだけ進歩しても到達することが当分できないであろうといわれている、クリエイティビティ、マネジメントスキル、ホスピタリティです。

インプットし蓄積していくようなこれまでの教育で手に入れた知識よりも、より正確で詳しい情報を手元にあるスマートフォンから抽出することができる時代になりました。つまり、その知識を脳から出すか、スマートフォンから出すかの違いです。

年代・年号と歴史上の出来事を結びつけて覚える、英単語の和訳をただ覚える、そうした作業によって蓄積されたものが、これまで知識として重視されてきました。しかし、そういったものはスマートフォンですぐに見つけることができます。つまり、知識を蓄積する作業はスマートフォンに代替されたともいえるのです。

これからは機械が代替できることを続けるのではなく、人にしかできない部分を伸ばしていく必要があります。こういった視点から、私たちの能力開発は旧来の暗記・記憶重視の偏差値教育ではない方法を考えなければなりません。人工知能、ロボットに負けない、より人間的な能力を高めていく教育にシフトすることが求められています。

人間だけが持つ能力を伸ばす

ここで、その一端を紹介していきます。まずはクリエイティビティについてです。

クリエイティビティとは無から有を生み出す能力であり、日本語でいえば創造性、企画力です。柔軟な発想力をもって、新たな人生を切り拓くことだといえます。十年後、今の職業が半分になったとしても、そういった柔軟な発想があれば恐れることはありません。

今のＡＩができることはまだ限られています。現在のＡＩは「特化型人工知能」といわれます。これは「AlphaGo（アルファ碁）」や将棋ソフト「Ponanza」などのように、過去のデータを解析させて、最善の方法を導き出すという特定の作業・領域でパフォーマンスを発揮するものを指します。

これらのＡＩが囲碁や将棋のトップ棋士に勝つことができたのは、局面を分析し、最善の方法を最短で見つけることができるからです。つまり、過去のデータを解析して、その上で最善の方法を導き出すことが得意ということです。

一方で、ゼロから何かを生み出すという「汎用人工知能」の段階には至っていません。これは、人であればある程度できることです。たとえば、元号について考えてみるといいかもしれません。ＡＩに新元号を予想させることは可能です。過去にあった元号、重複しないローマ字表記の頭文字の選択（Ｍ：明治、Ｔ：大正、Ｓ：昭和、Ｈ：平成を避けて頭文字を選ぶ）、そういったことを学習することによってＡＩは何らかの回答を導き出すことができます。しかし、今回の「令和」がそうであるように、人が考え、時代にあった言葉を選び、そして未来を見据えて思いを込めることは、ＡＩにはできないのです。

だからこそ、人はこのクリエイティビティ、すなわち無から有を生み出す能力を伸ばしていく必要があります。ＡＩやロボットに代替される仕事があっても、人が新しい職業を作っていけばいいだけの話です。しかし、それはこれまでの教育手法では難しいことだと認識しなければなりません。

マネジメントスキルもそうです。

現在、学校でマネジメントスキルについて体系的に教えているわけではありません。友達とどのように付き合うか、部活やサークル等に入ったときに、バラバラな主張をどのようにまとめて、どのように組織を活性化させるか——。これらは学校の授業によってというよりは、個人の努力や意識によって高まっていくものです。

そのようにして、それぞれがマネジメントスキルを高めてきたということがあると思います。それは、個人レベルの課題だったかもしれません。しかし、体系的な教育によって、それらの能力を伸ばしていくことも可能です。

いずれにせよ、これからは組織のパフォーマンスを最大限に発揮させるようなマネジメントスキルを身につけ、その能力を活性化させる必要があります。実はこの能力については、ＡＩが早い段階で代替するのではないかという予想がなされています。

今のところ、ＡＩに代替される可能性が予想されているのは、企業の管理職に当たる層の人たちです。ＡＩであれば最善の方法を導き出すので、それに従うことによって業績を上げたほうが、生産性が高いというのです。

しかし、果たしてそうなるでしょうか。私はＡＩを上手く使いこなせた人にこそ、その恩恵があると考えています。おそらくデータの分析や市場調査の能力はＡＩのほうが人よりも優れているでしょう。しかし、部下や同僚のその日の体調を考えたり、やる気を引き出したりすることは、人にしかできない能力です。

松下幸之助の言葉を借りれば、「私は、人間というものは、たとえていえば、ダイヤモンドの原石のような性質をもっていると思うのです」ということです。つまり、未知なる個人の能力を開花させ、最大限活用することは、どれだけＡＩが進歩しても、到達できない部分でしょう。そういったことを含めてマネジメント能力なのだと思います。そしてそれは、学習することができます。教育によって一人ひとりのスキルアップは実現できるわけです。

ホスピタリティも同じです。

今までホスピタリティは個々人の感性、感覚、性格の問題とされていました。しかし、ホスピタリティを高めることで他者が喜ぶと、自分も自己肯定感、幸福感をより高めることができるということがわかっています。

人はやはり社会的な動物です。今までは「思いやり」や「心からのおもてなし」という意味でのホスピタリティは個人的なことで、その人の経験や置かれた環境で育まれるものだとされていました。学校教育では道徳の授業や特別活動等によって個々にはホスピタリティを感じとることがあるかもしれません。

しかし、これからは情操的感性であるホスピタリティを個々の感性で育むことを待つのではなく、非認知能力の育成という視点から、教育的体系として高めることができるのではないでしょうか。

つまり、ホスピタリティとは個人的な属性ではなく、誰でも教育的に高めることが可能だと思うのです。

学校現場でいえば、鬱病などの精神疾患で休職した公立学校の教員が二〇一七年度は五〇七七人と年々増加傾向にあります。なぜこういった問題が起きるのでしょうか。科学技術は飛躍的に進歩発展しているにもかかわらず、それを活用し楽しい生活を送ることができないのはなぜでしょうか。こういった問題を、他者との関わりの中で考え、解決していくことこそ、人が伸ばすべきホスピタリティの部分だと思います。これは、教育によって高めていけるのです。

こうした能力だけを見ても、あらゆる部分でパラダイムシフトに応じた準備を今からする必要があると思います。これは若い人だけではなく、成人して社会で活躍している人も同様で、今生きているすべての人が、そのような能力を高めていく必要があると思います。

ＡＩやロボットに代替される部分は必ず出てきます。しかしそれとは違う部分で人が能力を発揮することができれば、決して不幸ではありません。しかし、今の教育の延長線上では、そういった未来を創ることが難しいということです。

だからこそ、私は教育改革を進めていくべきと考えます。そして、すべての人が輝き、生きがい、やりがいを感じて、生活できる社会を創っていきたいのです。そのために社会全体がどのようなバックアップができるか、今から準備をし、改革を進めていく必要があります。

人生百年時代に健康で幸福を感じながら過ごすには、どうしたらいいか考えなければなりません。老若男女問わず、障害のあるなしに関係なく、すべての人が能力を高め、自分のやりたいことを成し遂げていく、そういう社会的なスキーム（計画を持った枠組み）をつくるべきときがきています。

これからはどのような時代を描くべきか

先述の通り、二十年も経たないうちに、ベーシックインカムによって、働かなくても生きていける時代が訪れるかもしれません。その未来がユートピアなのか、それともデストピアなのか、それは今を生きている私たちが、どのような未来を描き、どのように準備するかによって変わってくると思います。

先ほどは、次の時代に向けてどのような道に進むべきかという視点で、個人の能力について述べました。ここでは、国としてどういう社会を描いていくか述べたいと思います。

ここで紹介するのは、労働と社会参加についてです。

日本は高度経済成長期からごく最近まで、物質的な豊かさを求め、仕事に追われながらも、仕事を通じて自分の人生を燃焼させていく、そんな生き方を肯定する価値観を社会全体で共有してきました。ほとんどの人が仕事を優先し、男性は家庭を顧みることなく、子育ても女性に任せっきりのところがありました。そして、それをよしとする時代背景があったと思います。

しかし現在はそういった考え方も変化し、働き方改革が問われ、ワーク・ライフ・バランスも重要視されるようになってきました。仕事の質をより高める一方、労働時間を削減し、家庭を大切にし、自分の趣味も活かす。人生は仕事だけではなく、バランスを取りながら、より人間らしい生活を送っていくことが大切だ。そんな時代になってきたと思います。

こういった考え方は、現代的ともいえるかもしれません。このような考え方が広まった背景には、さまざまな価値観が受け入れられる社会に変化してきたことがあるでしょう。しかし、これからはさらなる変化を迎えます。そもそも多くの人が働かなくても食べていける時代に突入することが予想されるからです。

古来、日本人は働くことに価値を置いてきました。日本には、そういう文化があるのです。だからこそ、働かなくても食べていける時代に、人生をより充実させながら幸福に生きていけるのか、ということが今後は問われてくると思います。

現在でも日本には鬱病患者が一〇〇万人いるといわれています。さらに、予備軍を含めると一〇〇〇万人近い人が鬱で悩んでいると見られています。こういった状況も踏まえて、これまでの仕事がなくなったときに、人は精神も健全でいられるか、ということを考えなければいけません。健康に恵まれている人であれば気にしないかもしれませんが、精神病に対するセミナーやセラピーも増えてきています。

精神的に病んだりしないための対応策の一つとして、これまでの労働の概念を変えていくということが必要だと考えています。これまでは自分の肉体や知識を提供して、その対価として賃金を受けるというのが、資本主義における労働の位置づけでした。しかしこれからは、自分の本当にやりたいことをして、それによって社会にも貢献する――仕事をそういった位置づけに変える必要があります。そのとき、これまでの賃金という概念も変わり、労働生産性では測れないような、新たな報酬の概念が必要となるでしょう。

そこでは、これまでのボランティア活動やソーシャルビジネス、地域活動が参考になるかもしれません。こういった活動は、現在は労働対価を求めるという仕事ではありません。だからこそ、こういった活動が今後は仕事として残るかもしれないのです。

まったくのボランティアということではなく、社会的に意義があり、価値があり、本人のやりがいにもつながっていくことこそ、新たな仕事として、その創出が求められる時代になってくると思います。

日本にはもともと資本主義的な労働という価値観はありませんでした。労働という言葉ではなく、仕事として「働く」という言葉が存在していました。そして働くとは、「傍《はた》を楽にする」という意味でした。そのことは多くの人が理解していました。つまり自分が何かをなしたことによって、傍の人々が楽になることが目的だったのです。そこには必ずしも、対価としての賃金が存在するという前提はなかったはずです。

本来の労働とは、まさに日本古来の「働く」に表れているのではないかと思います。企業や組織に雇われることなく、しかし「傍を楽にする」、つまり利他主義の行為として、他の人、地域、国、人類に何らかの形で貢献することこそが、これからの時代には求められているのです。そしてそういう働きをする中で、他からも認められることで、自己肯定感を持つことができるのだと思います。

こうした行為こそ、未来における仕事の価値を決定づけるのではないかと思います。これまでは、労働生産性を高め、より高い賃金を得ることが優れた人材であると考えられてきました。しかしこれからはその中身が問われる時代になってくると思っています。

モノを売るという商業行為にしても、持続可能な社会を考え、環境破壊をしないという前提で、そのモノは生産されなければなりません。そして、真に必要な商品として、人を幸福にするような商品であることが、今後は求められてきます。つまり、目には見えない付加価値が問われてくるのです。仕事の内容もこういった考えに基づく必要があります。

これまでの労働観が根本的に変わり、新たな価値観を有した時代になってくると思います。

人は一人で生きていくことはできません。社会生活の中で他者と関わりながら、生きがい、やりがいを創出し、そこに幸福を感じるという社会的動物です。それを今後は一人ひとりに委ねるのではなく、新たな仕事の価値観を社会全体でつくっていくことが求められる時代と言い換えることもできます。

それが国全体に広がることが、描かれるべきビジョンだと思っています。

そして、その政策は労働価値観の改革だけではありません。社会全体を覆う虚無感や孤独感というものに対しては、国家全体で取り組まなければなりません。既存のコミュニティが衰退、形骸化しています。国全体で孤立感や虚しさを抱えた人たちをどうケアするのか。先ほどの労働の価値観を変えるだけではなく、社会全体の意識を変えることも必要です。

既存のコミュニティをいかに守り、活性化するかということを考えていかなければなりません。一人ひとりが人とのつながりを築くことができるようにしなければなりません。これは先ほどの新たな仕事の概念とも通じるところであり、コミュニティや地域を中心とした概念で仕事を位置づけることも重要だということです。

こういった前提をもとに、社会全体の仕組みを考えなければ、ただコストがかさむだけの社会になってしまいます。一人ひとりが幸せに生きるために、一人ひとりに対してどのような場を提供できるか、社会、国全体として変化に柔軟に対応できるスキームを考えていく必要があると思います。

私たちが進むべき道標をどのように示すか

資本主義では、資本家と労働者は対立する存在として説明され、労働者は資本家に対して自分の肉体や頭脳を使った労働を提供し、その対価として賃金を得るというシステムになっています。しかしこれまで述べてきたように、賃金を得るための労働が必要なくなるかもしれないのです。そのとき、多くの人は自分の存在について考えることになるでしょう。そういう未来がくるかもしれません。

古代ギリシャの市民には、労働というものは存在していませんでした。なぜなら奴隷によってすべての労働が担われていたからです。そのことによって市民は文化芸術や娯楽等で日々送ることができ、結果、ギリシャ文明が花開いたといえます。

当時の奴隷とは今でいえば、ＡＩ・ロボットです。未来の私たちが労働から解放され、やりたいことを一日中できるということは、かつてのギリシャ市民のような生活が送れるということであり、それはユートピアのようなものかもしれません。しかし、これまで何千年何万年も、ほとんどの人生を労働のみに費やしてきた私たちの中に、いきなり労働から解放されて、やりたいことややるべきことを持っている人が、どれぐらいいるでしょうか。

仕事からたまに解放されて、休日を楽しむことは至福です。しかし、仕事がなくなり、やることがなくなってしまった失業者にとっては、「毎日が楽しい日曜日」というわけにはいきません。定年退職を控えた人たちはこれまでの三十年、四十年の仕事から解放されることに対して、待ちわびるような期待感を持つ人も多いようです。しかし実際は、定年退職を迎えた後、かなりの人が鬱病や鬱状態になるともいわれています。

そういった現実の問題を踏まえながら、次の時代を考えていかなければいけません。仕事がなくても、生活していくことができるのであれば、どのような人生を描くことができるのか。それを描くためには、意識改革を含めた、教育ツールが必要です。

それは一人ひとりが、自分の人生を前向きに、将来に夢や希望を持ちながら生きていくためでもあります。ここでいう教育とは、学校教育のような知識や技術を習得するという意味での教育ではなく、人生いかに生きるかを自ら考える、その手段としての教育です。

孔子が「朝《あした》に道を聞かば、夕べに死すとも可なり」という言葉を残しています。これは朝に人がどう生きるべきかを悟ることができれば、夕方に死んだとしても後悔はないという意味です。

ただ生きて、食べて飲んで毎日暮らしているだけでは、人は本来満足しません。酔生夢死の輩では、生きている意味がありません。

自分の本当にやりたいことは何なのか。幸福に生きるとはどういうことなのか。自分の使命とは何か。

孔子はさらに深く思考する中で、「自分の人生の目的や天命を悟ることができれば、それが道を聞くということであり、それがわかれば、あとはいつ死んでもいい。ただ人生を天命に向かって楽しむことだ」と覚醒したのではないかというのが私の解釈です。

人はただ生きているわけではない。自分のやりがい、生きがいとは何なのか。人は皆、もっと幸せになりたいと暗中模索しながら生きています。

次章で詳述しますが、明治期以降、「教育」と訳されている英語の“education”には、本来、「引き出す」という意味があります。“education”によって、その人の持っている才能だけでなく、人生における意欲ややる気を引き出し、生き生きと自分なりの人生を生きること、さらにその中から人それぞれの本当にやりたいことが何かを見つけること——それこそが生きるという意味ではないでしょうか。

それを多くの人にできるだけ早く気づかせること、自らの人生に覚醒する手助けをすること、それこそが教育の本来あるべき姿そのものであると思います。つまり、これから、人が生きていくために最も大切なもの、それはお金でもなく、名誉でもなく、地位でもなく、本当の自分を知ることに集中できるような生き方です。それができたとき、人は幸福感を感じることができるでしょう。

そのための教育のツールとして、これまでの暗記・記憶を中心とした知識以上に、人としての感性を磨く音楽・美術等の芸術や、あるいは自然との対話等が必要です。まさに、ギリシャ文明が栄えたような、よりグローバルでより多様性のある地球社会の実現が求められます。持続可能な社会を考え、人類全体が有資源のなかで生き残っていけるような地球人類の発展を目指す教育に、私たちはすぐにも着手すべきです。

アメリカの科学雑誌『*The Bulletin of the Atomic Scientists*（原子力科学者会報）』が定期的に表紙に掲げている「地球最後の日」までの時間を表示する「終末時計」が、二〇一九年、残り二分になりました。これは私たちが今後、どういった社会を目指すかによって、巻き戻すことができます。巻き戻して、逆にあと十分、あと百分となるような、そしてそもそも「終末時計」の存在がなくなるような道標を今から示したいものです。

第一章
「教育」から「啓育」の時代へ

「教育」という言葉の持つ意味

序章では、これから迎える未来が現在の延長線上にはない、これまでとはまったく違った時代になること、そしてそのような時代には、今までと違う教育のあり方が求められるということを述べてきました。では「教育」とはそもそも何でしょうか。

教育という言葉を分けて読めば「教え・育てる」ということになります。ここで想像できるのは、家庭教育や学校教育の場で、親や先生が子供に勉強を教え、社会のルールや道徳を教えているところだと思います。

実は「教育」という言葉は、明治期までの日本では違う意味で捉えられていました。この「教育」という言葉、中国の古典『孟子』に「得天下英才、而教育之」と出てきたのが最初とされます。意味としては「天下の英才を集めて、その人達を教育する」ということであり、今でいう英才教育としての側面が強かったと考えられます。

その後、日本の明治期に英語の“education”の対訳として、この「教育」という言葉が新たに採用されました。この対訳については、初代の文部大臣（現・文部科学大臣）の森有礼と慶応義塾大学の創設者として有名な福沢諭吉が論争を繰り広げたという逸話が残っています。

国民の強化こそ日本の礎になるという強い信念を持っていた森有礼は、国民を「教え・育てる」ことによって近代国家をつくっていこうと考えました。しかし、福沢諭吉はその対訳として「発育」という二文字をあてるべきだと考えました。なぜ、彼らはそれぞれ違う対訳を考えたのでしょうか。

「教育」を意味する英語の“education”はラテン語の“educo”に語源があるといわれ、その意味は「外へ導く」「引き出す」となります。つまり、定着している「教育」の「教え・育てる」というニュアンスとは少し違います。しかし、森有礼は明治という時代背景を考えて、国民を育成し、強い国家を建設していくという思いを抱き、「教育」していくことでその後の国家の礎を築こうとしました。

一方の福沢諭吉は、education は内なる能力を外へ発するという意味であり、誰かに教え育ててもらうことでは「一身独立」することはできないと考えました。そこで福沢諭吉は「発育」と訳すべきだと主張しました。結果的には森の主張通り「教育」と訳されるわけですが、この訳が明治以降の日本の教育のあり方を決定づけたといえます。

では、明治期以降の日本の「教育」は時代に合わなかったのかというと、決してそうではなかったと思います。アメリカ、ヨーロッパの近代化された産業や軍事力を目の前にした日本にとって、教師が生徒を「教え・育てる」ことが、日本を近代化させて欧米に追いつくためには最も早い方法だったと考えるべきです。

一部の人しか海外に行けない状況を考えれば、知識を有した人間がその知識を伝達するために「教え・育てる」ことは、人材育成の方法としては間違っていなかったと思います。明治という時代背景を考えたとき、「教育」という言葉が適切であったと思います。

さらに、戦後日本の高度成長期を支えたのも、やはり「教育」でした。多くの産業が興る中で、労働の担い手に必要な能力は、企業の一員として均一に働くことのできる人材でした。「サラリーマン」「企業戦士」という言葉ができたのも、戦後のことです。大量生産の時代に企業が生産性を上げる方法は、社員との意思疎通を統一言語で行うことと、企業のために尽くすことのできる人材を確保することです。時には個人の意見をあきらめてでも、上司の意見を受け入れる人材と言えるかもしれません。その意味でも、「教育」という言葉が適切であったと考えていいと思います。

戦後教育の優れていた点は、画一的なイメージを共有させ、イメージを共有した人材を企業の求める能力まで引き上げることができたということです。

また、こうした教育を受けた者の評価を暗記・記憶力の測定によって決めることで、明確に能力の優劣を判断していくことが可能となりました。個々の能力は「暗記・記憶」の力で測られ、それは学校の入学試験から企業の人物評価にまで取り入れられてきました。そのため、学校教育もそれに合わせて、「教育」を行ってきたのです。

つまり、明治期から戦後の高度経済成長期まで、日本を支えてきたのは、「教え・育てる」ことを土台とした人材育成であり、そのことによって日本は確かに豊かになったといえるのです。

では、二〇一九年を迎えた現在の日本で必要な能力は、「教育」することができるのでしょうか。「教育」という言葉を再考する時期に来ています。

現在は一部の人が知識を持っているわけではなく、インターネットを介して誰もが知識を得ることができます。さらに、学ぶ意欲さえあればYouTubeやスマートフォンのアプリを使って、学校形式の授業を家で受けることも可能です。個人の意欲によって学ぶ方法は選択できる時代となったといえます。さらに、日本を取り巻く環境も変わっています。世界ではAIやブロックチェーン技術、さらに自動運転の技術が発達し、生活のあり方それ自体が変わろうとしています。

さらに、今までの教育概念が次の時代には通用しなくなってきています。次の時代は、ヨーロッパやアメリカの近代工業化された社会、あるいは強い経済という、目標とする「坂の上の雲」が存在せず、まったく予測できない時代だからです。つまり、目指す対象がなくなったのです。その結果として、厳しい見方をすれば、今までの教育方法では、次の時代に対応する人材を育成することもできません。

前述の通り、歴史学者のユヴァル・ノア・ハラリは将来、巨大な非労働者階級が誕生するだろうと予想しています。「経済的価値や政治的価値、さらには芸術的価値さえ持たない人々、社会の繁栄と力と華々しさに何の貢献もしない人々」です。そして彼ら「無用者階級」は失業しているだけではなく、「雇用不能」な人々なのです。

今までのような日本の「教育」では、この先必要となる能力を身につけさせることができず、多くの人はこのような無用者になってしまう恐れがあるのです。

こういった厳しい時代が予測されているにもかかわらず傍観者でいることはできません。次の時代に向けて、「教育」に代わる新たなeducationの考え方、そのあり方を皆さんと一緒に考えていきたいと思っています。そして、この考えが少しでも多くの人に届き、共感を生み、この国のあり方そのものを変えることを願っています。

「啓育」の時代へ

これからの時代にふさわしい、「教育」に代わるeducationの訳語として、私は「啓育《けいいく》」という言葉を提案したいと思っています。

おそらく、「啓育」という言葉を聞いたことがある人は、ほとんどいないと思います。「けいいく」とパソコンで入力しても変換されないくらい、マイナーな言葉であるといえるでしょう。この言葉は四十年以上前に創語されました。生み出したのは、東京工業大学学長の川上正光氏です。川上正光氏は、著書『独創の精神』（共立出版、一九七八年）の中で、「啓育」についてこのように書いています。

「Education に対する適語を探しているが、才能をひき出すという概念が中国および日本にないから言葉もないのは当然であろうという人がいる。しかし、全くないのは不便であるのでいちおう啓発教育をつめて啓育（心をひらく）としてはどうかと考えている」

なぜ「Education に対する適語」を探しているのか。その背景を、川上氏はこう説明します。

「Educationを『教育』と大誤訳し、教育にすり替えてしまったのは致命的失敗である。教育はTeachingに該当し、教えることで、才能をひき出すEducateとは完全に逆な操作である。したがって、わが国では教えるだけで、Educateは一切していないといっても過言ではなさそうである。教えるということは、他人の頭を利用して考えさせることで、これでは自分で考える力の養成にはならない」

川上氏の言わんとすることは、「教育」と"Education"はまったく違うものであり、教育にあたる英語は"Teaching"で、「啓育」こそ"Education"であるということです。

前述した通り、日本の明治以降の近代化を支え、そして戦後の高度経済成長を支えてきたのは「教育」でした。しかし、次の時代に従来通りの教育を続けていたのでは、日本社会に未来はないと思います。「教育」による従来通りの人材育成だけでは、これからの時代に対応できないということです。

詳しくは後述しますが、今起きている社会問題の多くは教育にその根本原因があると思っています。これだけ社会が多様化し、さまざまな考え方や生活の仕方、働き方ができる時代に、画一的なイメージを共有させるような教育や、暗記力や記憶力だけを物差しとして個人の能力を測るような教育では、予測できない未来や、新たな価値を生み出すことが必要な時代にはついていくことができないと考えています。

ですから、この「教育」という言葉自体を「啓育」に変え、そのことによって、個々の可能性を最大限に引き出し、時代の変化に対応できる人材を育てていく時代ではないでしょうか。

もちろん、今までの「教育」という言葉をすべて変えることはできません。しかし、個人、家庭、社会、国家の中で一つの共通の理念として、「啓育」という発想を共有してはどうでしょうか。つまり、次の時代は人材を教え育てていくのではなく、個人の能力を引き出し啓《ひら》かせるということです。そのことをまずここで共通の理解として持っていただきたいのです。

日本の教育概念は遅れてしまっている

日本の戦後教育においてこれだけ暗記・記憶が重要視されてきた背景には、まず大学の入学試験が暗記・記憶の能力を問うものだったということがあります。しかしそれは、大学だけの問題ではありません。社会全体が前述の通り、近代工業化や高度経済成長の過程でそういった人材を求めてきたのです。

その結果、学校ではひとつの物差しとして「偏差値」というものを採用していきました。さらに、能力達成度を評価する「通知表」も、相対評価として個人の能力（暗記・記憶力）を測ることができるということで定着しました。

このように暗記・記憶力と個人の能力を結びつけて考えるようになったのは時代背景によるものです。実際、この教育方法は高度経済成長の中では最も効果を発揮しました。企業は従順で扱いやすく、言われたことをそつなくこなす人材を手に入れることができました。

その意味で、個人の能力を相対評価で測り全体の中で位置づけることは、戦後日本で一定程度評価すべき部分があったのは事実でしょう。そのことによって、日本は均質な労働力を得ることができ、結果として、今の日本を創ったといっていいかもしれません。しかし、その延長線上で、これからの時代に対応できるかを考えたとき、今から変えていかなければいけません。

日本の教育の問題点は、「教え・育てる」ことが中心となっていることです。教え育てることができるのは、その答えがわかっているからです。これからの時代のように、一つの正解があるわけではなく、自らが新たな価値を創っていかなければいけない時代には、今までの教育では対応できません。

次の時代に求められるもの

今までの延長線上に経済的発展も、社会の変化もありません。おそらくこの発展や変化について正確に予測することも難しいと思います。しかし、このまま従来型の教育を続けていった先に日本の明るい未来はないでしょう。それは、なぜかというと、次の時代に対応できる人材を今の暗記・記憶型の教育では育てることができないからです。

二〇一五年十二月、野村総研は英オックスフォード大学でＡＩを研究するマイケル・Ａ・オズボーン准教授およびカール・ベネディクト・フレイ博士との共同研究の結果を発表しました。それは「十～二十年後に、日本の労働人口の約四九パーセントが就いている職業が、人工知能やロボットに代替可能になる」というものです。この研究結果は当時、メディアでも取り上げられたので、ご記憶の方もおられるかもしれません。

多くの仕事をＡＩやロボットが代替できる時代が訪れようとしているときに、今までの教育を続けていていいのでしょうか。暗記・記憶はコンピュータが最も得意とする能力です。スマートフォンさえあれば、歴史についてすぐに調べることができます。さらに、難しい英語の訳も、数式の解答方法も、スマートフォンさえあれば、わざわざ自らの脳に知識として覚えていなくても答えることができます。

実際、会議や講演のときに知らない言葉があれば調べて答えるということがあります。以前であれば、会議や講演の途中で携帯を操作することなど許されなかったでしょう。しかし、今はパソコンやスマートフォンを操作しながら企業の会議や講演会に参加している人が普通にいます。

マナーの問題もあるので一概にすべてが良いということではありませんが、知らない単語やわからない事柄をすぐに調べるのは、話を積極的に理解しようとしているという点では良いことだと思います。いずれにしても、今後は自分の脳にすべての知識を貯めておく必要はなく、スマートフォンやパソコンを活用して、その知識の量を無限に増やすことができるのです。

先ほど紹介したレイ・カーツワイルは一台のコンピュータが全人類の知能の総和を超えるときが二〇四五年に到来すると予測しています。そしてそのときを「シンギュラリテ

図表1-1　技術の進歩によりシンギュラリティが訪れる

○技術が進歩していく中で、必ず訪れることが予測されるシンギュラリティ（技術特異点）とは、1台のスマートフォンやコンピュータが全ての人類の知能を超える瞬間を意味する。つまり、知識が多いという優位性は失われることになる。2045年には、全ての人間の脳の能力を数値化して合わせたものよりも、1000ドルのコンピューター1台のほうが高い能力になる。

レイ・カーツワイル著『シンギュラリティは近い』(NHK出版) より著者作成

ィ」すなわち「人間の能力が根底から覆り変容するとき」と表現しています。

そのような時代の到来を前に、暗記・記憶に多くの時間を割くことにどんな意味があるのでしょうか。これまでの教育はインプット教育であり、時間をかけて知識や技能を頭の中に蓄積することが求められてきました。しかし、これからの時代、その能力だけでは社会の中で活躍するのは難しいと思います。

では、何を身につければいいのでしょうか。それは、人にしかできない能力です。そして自らが社会に対して何ができるのかを考え、そのために行動するという姿勢です。つまり、その答えは誰かに教えられるものではありません。自ら考え、自らが主体的に行動することが大切なのです。

それこそが「啓育」であり、個人の心を啓《ひら》き育てることでもあります。そのことによって今までとは違い、生きがいややりがいを感じながら、主体的に人生を過ごすことができるのだと思います。

自己肯定感を持てない日本の高校生

明治以降、現在に至るまで日本の教育は、文字通り教師が生徒を「教え・育てる」ものであり、中心となるのは暗記・記憶を中心とするインプット教育でした。そこで重視されたのは、いかに知識や技能を吸収して身につけるか、教えられたことをどの程度暗記・記憶できているか、そして集団の中で周りから外れず行動ができるかということでした。

しかしこれからの時代は、第四次産業革命が起こり、「Society 5.0（ソサエティ5・0）」（第五期科学技術基本計画〈二〇一六～二〇年度〉で提唱された未来社会のコンセプト。仮想空間と現実空間を高度に融合させたシステムにより、経済発展と社会的課題の解決を両立する、人間中心の社会）が次の時代の向かう先として構想されています。

こうした現実を考えたとき、今までの教育では次の時代に対応できる人材を育成することが難しいのではないかというのが、啓育の出発点です。そして時代の転換期を迎えた今こそ、暗記・記憶を中心に言われたことを受動的に学ぶ「教育」から、自らが主体的・能動的に考え学ぶ「啓育」への転換点とすべきです。

これまでの暗記・記憶を中心としたインプット教育は、多様性が必要ではありませんでした。その象徴が偏差値偏重です。偏差値が高いか低いかによってその人の能力を測ってきたのです。その意味で物差しが一つしかなかったわけです。

その結果、自己否定感が生まれます。偏差値というのは相対評価の中で能力を測る方法のため、偏差値五〇以下の子供たちは、自分はダメな人間だと思うわけです。実際、二〇一五年に国立青少年教育振興機構が行った調査結果によると、日本の高校生の七二・五%が自分はダメな人間だと評価していることが判明しました。七割以上の高校生が自己肯定感を持てないわけです。

しかし、これからの時代は、一人ひとりが社会に合わせて画一的である必要はありません。それぞれが持っている能力を活かし合いながら、社会をより良くしていくことが重要です。多様性を認め、一人ひとりが主体的、能動的に行動することのほうが社会はより良い方向に向かうと考えています。

今まで続けてきた偏差値教育だけでは、社会の活力が失われていきます。本来の教育の

図表1-2　自己肯定感が低い日本の高校生

高校生の意識調査

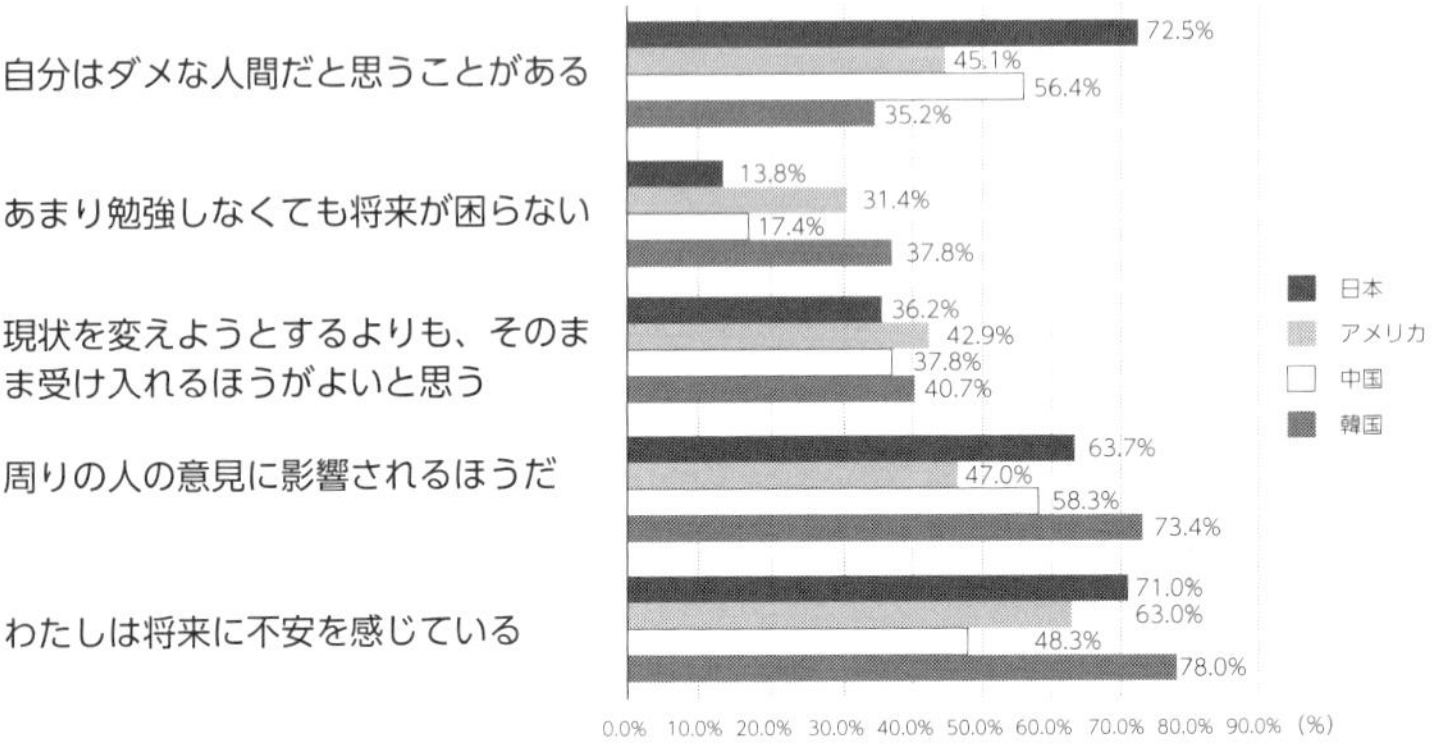

国立青少年教育振興機構　平成27年8月28日「高校生の生活と意識に関する調査報告書」より筆者作成

意味は、人生を豊かにし、生きがいややりがいを感じ、幸福感を持って生活するための手段のはずです。学力を上げることが人生の目的ではないはずです。それにもかかわらず、教育によって個人の自己肯定感が失われるなど、あってはなりません。

偏差値教育のような、一つの物差しで個人の能力を測ることを続けていては、いつまでも個人の幸福感が上がっていくことはありません。また、こうした偏差値教育や暗記・記憶力を問うような教育を行っている国というのは世界的に見ても多くはないのです。

今世界では幸福に焦点を当てた政策が増えてきています。単に学力を伸ばすことやお金をたくさん稼ぐのではなく、人として幸せな生活を送るために何が必要なのかが問われて

図表1-3　認知能力と非認知能力（社会情動的スキル）のイメージ

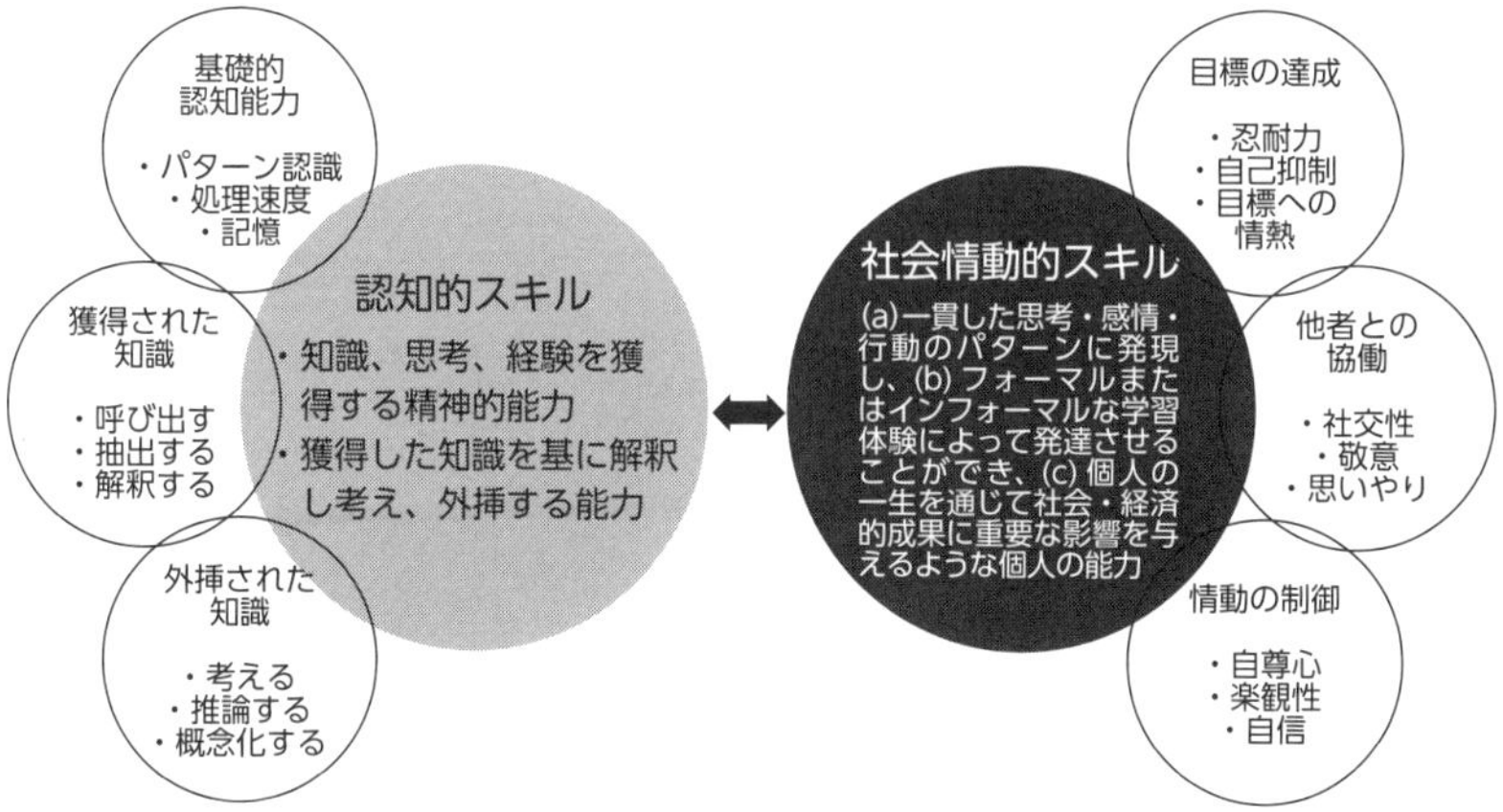

池迫、宮本（2015）「国際的エビデンスのまとめと日本の教育実践・研究に対する示唆」
OECD(2015).Skills for Social Progress: The Power of Social and Emotional Skills, OECD Skills Studies, OECD Publishing. より著者作成

います。

二〇〇〇年にノーベル経済学賞を受賞したシカゴ大学のジェームズ・J・ヘックマン教授は、人間の能力を「認知能力」と「非認知能力」に分けて、教育においてあまり注目されてこなかった「非認知能力」の重要性を次のように指摘しています。

「人生で成功するかどうかは、認知的スキルだけでは決まらない。非認知的な要素、すなわち肉体的・精神的健康や、根気強さ、注意深さ、意欲、自信といった社会的・情動的性質もまた欠かせない。IQテストや学力検査やOECD生徒学習到達度調査（PISA）によるテストなどによって測定される、認知的スキルばかりが注目

されがちだが、じつは非認知的な性質もまた社会的成功に貢献しており、それどころか、認知的な到達度を測定するために使われる学力テストの成績にも影響する」（ジェームズ・J・ヘックマン著『幼児教育の経済学』（大竹文雄解説・古草秀子訳、東洋経済新報社、二〇一五年）

ヘックマン教授は、就学前の幼児教育が非認知能力を伸ばすうえで非常に効果的で、投資効果がきわめて高いことを明らかにしています。それについては第六章の教育投資の項で改めて紹介するとして、ここで指摘しておきたいのは、これからの時代、人間の認知能力の多くが人工知能によって代替可能になるだろうということです。つまりＡＩに代替されることのない非認知能力を伸ばしていくことが、これから求められるのです。

高度経済成長期までは企業もある程度将来を予測でき、そのことによって年功序列の昇進・昇給システムや終身雇用が約束されていました。その代償として、社員も歯車となって企業のために尽くすことを当然視していた部分があります。しかしこれからの時代は違います。今いる企業が十年後、二十年後にも存続しているとは、誰も断言できません。そして存続していたとしても、企業の業態は変わっている可能性があります。

科学技術が指数関数的に成長していくなか、企業も現在の単なる延長線上で存続することはあり得ないと考えるべきです。そして今まで企業の中で活躍できた人材であっても、次の時代には戦力にならないかもしれないのです。とくに、上からの指示に従うだけの人材は、組織に順応するという意味では評価をされていたかもしれませんが、これからの時代、その能力はいくらでもＡＩやロボットで代替可能なのです。

偏差値教育の限界

日本型の暗記・記憶力を問う教育の最高峰が東京大学です。しかし、これからは東大卒の人材の半分が失業する時代になるかもしれません。田坂広志氏は著書『東大生となった君へ――真のエリートへの道』（光文社新書、二〇一八年）の中で、このままの教育が続けば間違いなくそういった時代が来ると予想をしています。その理由を田坂氏は次のように述べています。

「東大生と東大卒の人材が持つ優れた能力とは、端的に言えば、『集中力』と『持続力』、そして、『論理思考力』と『知識習得力』、言葉を換えれば、『基礎的能力』と『学歴的

能力』だ。（中略）
しかし、これからの時代、この二つの能力は急速に人工知能が代替するようになっていく。そして、ひとたび人工知能との競争になった瞬間に、この二つの能力では、人間は絶対にかなわない」

さらに、税理士や会計士、弁護士、司法書士などのいわゆる「士職業《サムライ》」（士業）の半分がこれから十年以内に人工知能に置き換わっていくと田坂氏はいいます。

「その理由は、現在の『士職業』の多くが、『専門的知識』と『論理思考力』だけで仕事をしているからだ。そのため、専門的知識の活用と論理思考力の発揮において圧倒的な強みを持つ人工知能が普及してきたとき、これらの職業の半分が淘汰されることは、決して大袈裟な話ではない」

淘汰されるのは、「士職業」だけではないと、田坂氏は予想します。

「大企業内の職種であっても、官庁内の職種であっても、専門的知識と論理思考力だけで仕事をしている多くの『知的職業』が、人工知能に置き換わっていき、淘汰されていくだろう」

では、「人工知能革命」によって淘汰されない人材とは、どのようなものか。

「それは、『専門的知識』と『論理思考力』以外の能力、すなわち、優れた『職業的能力』や『対人的能力』『組織的能力』を発揮できる人材だ。

例えば、高度なプロフェッショナル・スキルによる創意工夫あるサービスを提供できる人材、顧客の心に触れる細やかなサービスを提供できる人材、そうした優れた人材をマネジメントできる人材だ」

これからの社会が求めるそうした能力を身につけ、磨いていかなければ、東大卒であろうと確実に淘汰されていくというのです。しかし、こうした時代を前に、日本の教育は何の対応もできないでいます。田坂氏はいいます。

「残念ながら、現在の中学校、高校、大学の教育は、これからの時代の荒波を越えていく教育を行っていない。旧態依然たる『偏差値教育』を続けているかぎり、これからの時代の荒波を越えていく人材は生まれてこない」

私もまったく同意見です。要するに、偏差値教育によって養われる能力と、これからの時代に生き残っていく能力には違いがあるのです。今までの教育を続けていけば、そのギャップは拡大していきます。それは国内だけの問題ではありません。グローバル社会において、日本の教育を受けた人は使いものにならないというレッテルを貼られることになるかもしれません。

私は政治家です。その立場から、やはりこの状況を変えていかなければいけないと思っています。その発想が「啓育」という理念になるのですが、この言葉を流行らそうとか、皆に使ってほしいとか思っているわけではありません。今までの教育を変えていく必要があるという意識を持ってほしいのです。

他の言葉で表現すれば、啓育とはアウトプット教育になります。そこでは自分が何をしたいのかを主体的に考える必要があります。自分は何をやることが一番喜びなのか、何に一番やりがいを感じることができるのか。そういうことを考えられるアウトプット教育にシフトしていくということです。

これは、いわゆる学校教育の中だけの話ではありません。社会全体の理念として必要だと思います。日本で生活するすべての人にこの理念を実感していただきたい。人が一番幸福を感じる瞬間は、自らの選択で他者へプラスの影響を与えた瞬間です。

今までの受動的な教育では、本当の幸福感を得るのは難しいと思います。主体的に行動するということが大切です。そして、これは学校教育においてだけではなく、家庭内、会社内、そして地域コミュニティのすべてに当てはまります。

今までのように言われたことを必死にやるだけの人材には限界があります。次の時代に活躍できる人材になるためには、今までのように教え育てられるのではなく、自ら能動的に学び、考え、行動していく必要があるのです。

啓育と志

啓育の考え方は、古来、世界のいたるところで生まれていました。

たとえば、ソクラテスの「産婆術」です。古代ギリシャの哲学者ソクラテスは、問答を通じて相手の知識のあいまいさや矛盾を指摘し、無知の自覚を呼び起こすことによって、正しい認識を生み出すように導きました。

ソクラテスは他者が知恵を生むのを助けるという意味で、この問答法を産婆術と称したのですが、そこにはまさに啓育的視点があります。相手から答えを引き出す過程で己の「無知」について気づかせる、その結果として、学ぶ意欲や学びの意味を教えていったのです。

日本では吉田松陰の野山獄および松下村塾での行動が、啓育的視点に立ったものだと言えます。一八五四年、松陰は下田沖に停泊していたペリーの黒船に乗り込み、海外渡航を試みましたが、計画は失敗、萩の野山獄に入れられます。松陰、二十五歳のときのことです。

吉田松陰は獄中でも学ぶことを続け、その後の活動の糧となるよう読書を続けていたといわれています。松陰が獄中で書いた「獄舎問答」という文書が遺っています（『吉田松陰全集　第二巻』岩波書店、一九三四年所収）。そこには、囚人たちとの問答を通して、外交や国防について議論したことが記されています。

当時、獄中には松陰のほかにも一一名の囚人がいましたが、囚人だけでなく、牢役人、牢番までも松陰の言葉に耳を傾けました。野山獄は単なる牢獄でなく、一つの学校のようになっていたといわれています。

一八五五年、出獄を許された松陰は、一八五七年、松下村塾を開きます。そこでも松陰は弟子たちに一方的に教えることはせず、対話を通じて弟子一人ひとりの能力を引き出していきました。まさに啓育そのものです。

松陰は松下村塾での啓育によって、明治維新を成し遂げる聡明で勇敢な青年たちを生み出すことができたのだと思います。伊藤博文の斡旋能力を見抜き、その才能を伸ばし、結果的に初代の総理大臣になるほどの人物に成長させたのです。

では、その啓育のツールとは何かというと、それは「志」です。啓育とは内なるものを引き出すことですが、そもそも自分の内なるものが何なのか、わからないという人もいると思います。そのときに大切なことは、まず自分は何をしたいのかを考えることです。それが志だといえます。

ここで夢と志には違いがあることを説明しておきたいと思います。たとえば、「私の夢は将来医者になることです」という表現があります。しかし、「私の志は将来医者になることです」とはいいません。なぜでしょうか。それは、「志」とは個人的なものではなく、社会的なことだからです。したがって、「私の志とは、医者になって病に苦しむ人を助け、健康な人生を送ってもらうことだ。そのために医者になる」という表現は成り立つのです。「利己的な自己実現」を目指すのが「夢」、「利他的で社会的な意志」が「志」といっていいでしょう。これが非常に重要になってくるのです。

社会や他者との関わりの中で自分の存在を定義することが志であり、ただ自分がどうなりたいというのは夢でしかないのです。

夢であれば自分の生きているうちに達成できるかもしれませんが、志とは自分が生きている間だけでは達成ができないような崇高なものといえます。その意味でも、常に他者との関わりを考え、役に立ちたいと思うことが必要です。それが未来に向けた願望となったとき、生きる勇気を得ることができます。

何回挫折しても立ち上がる力というのは、志の中から生まれます。そうした場面から這い上がることができるのは、志があるかどうかによります。人生における生きるエネルギーとは志から湧いてくるのです。

つまり志を持つということは、自分の人生の目指す方向性を見つけるということです。人が生きがいを持って過ごせる人生とは、他者や社会との関わりを通してでしか実現できません。

より充実感に満ちた人生を送るためには、社会の役に立っているかどうかが重要です。現在では仕事の仕方が重要だともいえます。そのような考えを通じて、使命感が出てきて、天命ということもわかってくるのだと思います。人の人生はいつ終わるかわかりませ

図表１-４　啓育に必要な「志」とは

○啓育の土台は、自らが主体的に考え行動して、社会の中で自立すること。そして、社会で自分は何ができるのか、何をするのかを見つけていくことが重要。その答えを見つけるために「志」を持つことが大切。

「夢」	「志」
Q：あなたの夢は何ですか？	Q：あなたの志は何ですか？
A君：わたしの夢は医者になることです。	C君：私の志は医者になって、多くの人の命を助け、病気で困っている人を助けることです。
B君：わたしの夢は宇宙飛行士になることです。	D君：私の志は宇宙飛行士になって、地球で起こっている課題を解決するため、地球とは別の環境で研究をおこない、社会に成果を還元することです。

ん。終わるときを誰も予測をすることができないのです。しかし必ず、誰でも死を迎えます。死の直前に、満足できる人生だったと思えるかどうかは、それまでの生き方次第です。

人は名誉や地位、お金というものを人生の中で求めてしまう部分があります。こうしたものは、本来は志を果たすための付属物でしかないはずです。しかし、それ自体が目標となっているというのは残念なことです。どんなに有名な人であっても、スポーツ選手でも、企業のトップでも、一国の首相であっても、ただその地位や名誉を求めるだけでは、結果的には虚しい人生になると思います。

つまり、人生における本質的な充実感、精神的な豊かさを得られるかどうかは、自分という存在が、多くの人たちに喜びや幸福感を提供できたかどうかによって決まるのです。世の中にいかに役立つかが大事であり、周りの人にいかに愛されたか、いかに大切に思われたかが人生において最終的には重要です。地位や財産があっても、死ぬ直前、死んだ後に他者から疎まれる存在であっては、人生が輝いていたとはいえません。この人は早く死んでよかった、この人がいなくなってよかった、と思われる存在では寂しいものです。

人は誰もが幸せな人生を送りたいと思うはずです。しかし、幸せに生きることができるかどうかは、他者が決めるものではありません。自分自身がどのように生きるかによるのです。そのことを理解できれば、人生は変わっていくのではないでしょうか。

毎日が試行錯誤の連続ではなく、自分の人生に一つの志が見つかれば、必ず人生は変わっていきます。死の直前に後悔するのでは遅すぎます。社会や他者との関わりの中で、人生の豊かさを見つける努力をすれば、今からでも間に合います。

志のある人と志のない人では、生きるうえでの意志の強さ、逆境でも負けない心の強さのようなものがまったく違います。これまで大変な思いをしてきた方もおられると思います。しかも、これからさらに苦しく辛いことがあるかもしれません。しかし、そのときに折れずに立ちあがり、這い上がろうとする強さがあるとすれば、それは志の力なのです。自己実現の夢だけではなく、利他主義としての志を持つこと、それがこれからの時代には何よりも大切です。

このことを理解していただければ、志と啓育の関係がわかると思います。志とは一人だけで完結できるものではありません。利他的なものです。自分が他の人のためや社会のため、世の中のために何をなしたいかは、他者との関係から自分を位置づけることによって生まれてくるものです。啓育も一人で引き出すというより、他者との関わりで引き出されるものでもあります。

ソクラテスも吉田松陰も、その人が内に秘めている才をうまく引き出す教師であったのでしょう。

人は一人で生きていくわけではありません。いい指導者の下で啓育的環境に置かれたとき、それまで自分でも気がつかなかった自分のやりたいことや才能に目覚めるきっかけをつくってくれます。志そのものは自分で考えるものですが、志を持つ啓発的存在として、いい指導者は必要です。

啓育的な取り組みを考える

啓育という考え方がすぐに世の中に受け入れられはしないでしょう。そうなるには過渡的期間が必要だと思います。これをやったから、すべてがすぐにうまくいくという魔法の杖はありません。一貫した取り組みを、継続していくことが必要です。そうすることによって初めて、啓育は広がっていくのではないでしょうか。

実際に世界を見渡したときに、北欧の幼稚園では啓育的な取り組みをしています。ここでは日本のように決められたカリキュラムはありません。子供たちは好きなことを楽しみながら、一日を過ごします。自分の行動を自分で選択するという意志を小さい頃から育んでいます。

同時に子供たちの五感を刺激するプログラムもたくさん用意されています。これがクリエイティビティを伸ばすことにつながっています。

日本のように教師の言うことを素直にきちんとやれる子供と、自立を促す啓育的な環境で育った北欧の子供たち。彼らが大人になったとき、結果的に労働生産性に大きな違いが生まれているのです。労働生産性の問題については、章を改めて論じるとして、ここでは幼稚園における啓育的取り組みの大切さを指摘しておきたいと思います。

アメリカの作家ロバート・フルガムが書いた『人生に必要な知恵はすべて幼稚園の砂場で学んだ』(池央耿訳、河出文庫、一九九六年)には、次のような記述があります。


「人間、どう生きるか、どのようにふるまい、どんな気持で日々を送ればいいか、本当に知っていなくてはならないことを、わたしは全部残らず幼稚園で教わった。人生の知恵は大学院という山のてっぺんにあるのではなく、日曜学校の砂場に埋まっていたのである。わたしはそこで何を学んだろうか。

何でもみんなで分け合うこと。／ずるをしないこと。／人をぶたないこと。／使ったものは必ずもとのところに戻すこと。／ちらかしたら自分で後片づけをすること。／人のものに手を出さないこと。／誰かを傷つけたら、ごめんなさい、と言うこと。(以下略)」

実際、幼稚園で学ぶ非認知能力こそが人生の豊かさや幸福感を生み出す土台なのです。

啓育では、子供たち一人ひとりが何を学びたいのか、どんなことに興味を持っているのかといった多様性を受け入れていく寛容さが必要です。しかしこうした啓育は先生の負担が大きくなってしまうので、今までの教育に慣れている教師はうまく対応できない恐れがあります。今後は教育におけるマイナスの部分を、啓育によってプラスに変えていくことも必要だと思っています。

数年前、都内のある大学で講演をしたことがありました。主催者はその大学のサークルの学生たちだったのですが、そのときに将来の就職について質問をしました。すると、学生たちから返ってきたのは、「将来やりたい仕事はありません」「何がやりたいかわからないから、一〇〇件ほどエントリーしています」といった答えでした。

企業側からしても、将来やりたいことがわからず、闇雲に応募をしている学生を欲しいとは思いません。私も企業の方とお話しする機会がありますが、「学生がなぜうちに応募してきたのかわからない」という声をよく聞きます。結果的に企業と学生の間でギャップが生まれてしまっているのです。

もう一つ大きな問題があります。一〇〇件も二〇〇件も応募をして、採用が一件では残りの九九件あるいは一九九件からは不採用の通知が来るわけです。その間、学生は自分を肯定し続けることができるでしょうか。現在は有効求人倍率が改善されて就職しやすい環境になったといわれますが、やはりこうした問題はまだ残っています。

本来であれば、就職活動というのは、自分が将来何をやりたいのかを考えて企業を選び、採用試験にチャレンジするものです。ところが、自分がやりたいことがわからない学生は、そういったことを真剣に考えることもなく、ただ周りがしているからという理由で自分も就職活動をしているのです。そして連続して不採用となり、結果的に自己肯定感をさらに失って、本当にやりたいことがますますわからなくなるという負の連鎖になっています。

企業は主体的に行動できる人材が、やはり欲しいのだと思います。ですから学生のうちから自分が会社に入ったらこんなことがしたい、こういうことができるということを意識しながら学生生活を過ごしてほしいと思います。

そして、大学生のうちに、受動的に教え育てられることから脱して、社会で起きている問題を主体的に自分事として考える習慣を身につけることが大切だと思います。いわば自己啓育を実践するのです。そういう学生は、企業が欲しい人材だと私は思います。

第二章 啓育とこれからの時代に向けた人材育成

日本の教育に根づいている考え方

日本には江戸時代まで寺子屋というものがありました。寺子屋では、今のような学年別の授業ではなく、年齢に関係なく通ってくるすべての子が一緒に「読み・書き・そろばん」を習いながら、社会生活の慣習や生きるすべなどを学びました。黒板のようなものもなく、読みながら書く、書きながら覚えるなどの能動的な学習方法だったと言われています。つまり、今の学校とは形式が違います。

また、薩摩藩の武家教育「郷中《ごじゅう》教育」が有名ですが、年長者が年少者に教える、教えながら学ぶという方法が実は日本では定着していたのです。そして、その環境の中では、競争原理で学習することはなく、「一人前の人となる」ための学習、いわば人生論としての学習という考えがありました。

しかし、現在の教育は、近代工業化や高度経済成長を経て、暗記・記憶を中心とする能力主義、競争原理がその根底に根づいています。そして社会全体にその物差しが、ひとつの価値観として定着しています。

私は政治家になる前、学習塾を経営していたのですが、そのときに親御さんに次のように尋ねたことがあります。

「無意識のうちに子供を競争原理の中で育てているのではないでしょうか？」

「自分の話していることを録音して第三者としてそれを聞いたときに、その内容は子供のためになっているでしょうか？」

ほとんどの方は実感されていませんが、親が子供に向ける言葉の多くが、客観的に聞いたときに競争原理に基づくものになっています。

たとえば、子供がテストで九〇点を取ってきたとします。

「お母さん、見て。今日テストで九〇点を取ったよ」

子供は喜びながら話をします。それに対して、母親は、

「すごいね。勉強頑張ってるね」

と褒めてあげます。しかし、母親の言葉がここで終わらないのが、日本の「教育」問題の根深いところです。母親はこう続けます。

「それで、平均点は何点だったの？」「九〇点以上の子は何人いたの？」「一〇〇点の子はいなかったの？」

子育てをされた経験のある方であれば、この言葉を子供に発したことがあると思い当たる方が多いと思います。子供が褒めてほしいと思って言った言葉に対して、成績の順位や

平均点を気にしてしまう。これこそがこの国が今まで続けてきた教育の根底にある考え方です。

要するに、子供を競争原理の中で育てていこうとしているのです。その象徴的な表れが、1・2・3・4・5で評価される通知表です。これによって、子供たちは常に頑張らなければならず、毎日がプレッシャーとの戦いになってしまいます。

もちろん、親の立場に立てば、子供のことを思い、将来を心配するから出てくる言葉です。私自身も子供を持つ親として、その気持ちはよくわかります。しかし、そういった言葉によって子供は、親に認めてもらえないという思いを日常的に抱いてしまうことになるのです。親はそのことを少し客観的に見ていただきたいと思います。

こうした言葉一つとっても、競争原理がいかに日本の教育を歪めているかがわかります。それは個人レベルの問題ではなく、日本社会全体に広がっている問題なのです。

北欧諸国の制度から思うこと

実は世界を見渡したときに、こうした評価法を採用している国というのは少数です。先日、デンマークの大使と話をしたときに聞いたのですが、デンマークではテストをしないし、子供を通知表のようなもので評価もしないそうです。さらに、夏休みのような長期の休みにも宿題を出さないというのです。

デンマークは幸福度が高く、個人の生産性も高いことから、デンマークの制度には日本に比べて何か違うところがあるのではないかと関心を持つようになりました。

参考までに数字を挙げると、国連が発表した「世界幸福度ランキング２０１９」では、デンマークはフィンランドに次いで世界第二位、対して日本は五八位。日本生産性本部発表の「労働生産性の国際比較　２０１８年版」によると、二〇一七年の「就業者一人当たりの労働生産性」はデンマークがＯＥＣＤ加盟三六カ国中九位で日本は二一位、「時間当たり労働生産性」ではデンマークが五位で日本は二〇位となっています。

もちろん、すべてをデンマークのような教育にすればよいということではありません。歴史的背景や社会の構造、地勢的要因など、さまざまな要因があっての現状です。「デンマークのように明日からテストをしません。子供を通知表では評価しません」ということではありません。明治以降の日本のあり方を考えたときに現実的ではありません。今までの歴史の中で日本の教育は形成され、社会にも受け入れられている部分があります。そのため、いきなり通知表やテストで評価をしないということを日本で実行するのは難しいでしょう。

教育制度と社会の慣習の中で人材育成はなされてきた部分があって、やはり「教育」が日本には根づいているのです。現状の teaching の「教育」から education の「啓育」に概念を変えることですべてが良くなるということではありません。

しかし、考えていただきたいことは、日本の現行の教育制度は明治以降、まだ百五十年の歴史を持つにすぎないということです。過去に必要であった「教育」と、これからの時代に必要なものは同じではありません。これからの時代を考えるとき、デンマークのような教育方法は参考になると思います。

デンマークの童話作家アンデルセンや哲学者キェルケゴールの同時代人に、ニコライ・F・S・グルントヴィ（一七八三〜一八七二年）という人がいます。近代デンマークの精神的基礎を築いたといってもいい人物です。アンデルセンやキェルケゴールは日本でも有名ですが、デンマーク国民の間で最も尊敬されているのはグルントヴィです。

彼の大きな功績の一つはフォルケホイスコーレ（「民衆の大学」の意）を提唱したことです。日本グルントヴィ協会のホームページの「グルントヴィとは？」のページには、その経緯が次のように記されています。

「グルントヴィは既成の学校が無意味な暗記、試験、理念のない実学教育、立身出世をめざす競争を施しているとして、それらを『死の学校』と呼びました。彼は『教育(教え導く)』という言葉を嫌い、教育とは本来『生の自覚』を促すものだと考えました。『生きた言葉』による『対話』で、異なった者同士が互いに啓発しあい、自己の生の使命を自覚していく場所が『学校』であるべきなのです。そうした理由から、彼は『生のための学校（School for Life)』の構想を1838年に発表しました」(http://www.asahi-net.or.jp/~pv8m-smz/society/grundtvig.html)

グルントヴィは『生のための学校』の序文にこう記しています。

「われわれだけでなく、あらゆる国民は『死の学校』を知っている。というのも、どこの学校でも大なり小なり文字で始まり、本の知識で終わるからである。それが人が『学校』という名で呼んできたもののすべてでだし、今もそうである。たとえ聖書のように天使の指先や星のペンで書かれたところで、あらゆる文字は死んでいる。あらゆる本の知識も死んでいる。それは読者の生と決して一致することがない。数学や文法だけが心を破壊し死なせるのではない。子ども時代、人が心と体の適正な発達にいたる以前に、学

校で頭を使うあらゆることがすでに無益な消耗なのだ」（『生のための学校』。前掲、日本グルントヴィ協会HPより引用）

試験がなく、資格も問わず、学びたい者が自由に学ぶ、グルントヴィが構想した学校は、当時の国民の間で広く支持されて、デンマーク中に広まりました。そして国民は、学ぶことは「生の自覚」だということに気づいていったのです。

現在のデンマークで、国民の多くが学校教育において他者との競争や成績の評価ということを意識せずに、一人ひとりが世界一と言われる幸福感を持って生きていけるのは、グルントヴィの功績といえるでしょう。

デンマークでは幼児の頃から、興味関心のあることについて、集中的に教育を受けることができます。一人ひとりの個性を大切にするということです。さらに小学校以降ではテストをしない、成績を出さない。つまり他者と比べるということがないため、日本的な感覚でいう過剰な競争社会にはならないのです。日本のほかには、中国そして韓国が画一均一教育的なところがあります。朝から晩まで学校教育の中で子供たちに暗記・記憶をさせていくというのは、世界的に見ても珍しいのです。

暗記・記憶力を養ってきた日本人が大人になったとき、他国の人に比べて果たして優秀なのかというと、必ずしもそうではありません。先ほど労働生産性のランキングを紹介しましたが、詳しい数字で比較すると、二〇一七年の就業者一人当たりの労働生産性は、デンマークの一〇万五四五四米ドルに対して日本は八万四〇二七米ドルとなっており、OECD平均の九万五四六四米ドルよりも低いのです。

日本人は競争原理がなければ勉強しないで、怠惰になってしまうと考えますが、彼らはやりたいことをしているので怠惰にならず、むしろ積極的に学ぶという姿勢を身につけているのです。

自分のやりたいことができる環境を提供できれば、人は自ら学び、勉強するのです。やりたくないことの動機づけとして、日本では競争を使いますが、本来やりたいことがあればそこに競争は生まれません。こうした現実をもう一度考えてみる必要があるのではないかと考えています。

これから求められる人材

過日、ソフトバンクの孫正義さんとお話をしていたとき、ソフトバンクグループの人材採用に話題が及びました。ソフトバンクは、人工知能を非常に積極的に活用しており、世界の最先端企業集団の一つだと思います。そのソフトバンクが人材採用法の一部を変更することに決めたというのです。

ソフトバンクグループのソフトバンク・テクノロジーでは、二〇一八年の新卒採用から「グレードスキップ制度」というものを導入したそうです。「同社が求めるテクノロジースキルを有し、競技会で優秀な実績を持つ」「学生時代に起業経験がある」「NPO団体の立ち上げ経験がある」「五〇人以上の団体でリーダー経験がある」といった条件を満たした人材に対して、一般的な新卒よりも最大で三五％増の給与を支払うというものです。

もちろんソフトバンクに新卒で入社しても、全国平均を上回る給与が支給されますが、それよりも高い、たとえば八〇〇万、一二〇〇万、一五〇〇万円という給与を支払ってでもいい人材を取りたいということです。

これは「オンリーワンの実績やスキル」を持つ学生の早期活躍を実現するための制度ということであり、「グレードスキップ制度」によって、新卒社員であっても入社後すぐに管理職のひとつ手前のグレードに配置することも可能になるといいます。

つまり、日本の企業も既存の方法とは違う人材評価を始めているということです。こうした戦略はグローバル企業としては当然かもしれませんが、今後日本の他の企業にもそういった考えが根づいてくると思います。

日本企業も優秀な人材を積極的に採用することで、次の時代に対応していこうとする姿勢が顕著になっているということです。

たとえば日立グループは、内外の連結子会社全体の社員約三〇万人のうち、約一六万人は日本人ですが、残りの一四万人は外国人で、売上高も約九兆三〇〇〇億円の半分が海外子会社によるものだそうです。グローバル化が加速する現在、日系企業であっても社員の半分が外国人というのは、当然の成り行きなのです。

今後、日本人がこうした問題をどのように受け止めるかが問題となってきます。一つ言えることは、明らかにビジネスを取り巻く環境は変わってきているということです。個人の能力も、今までは日本の中での競争でしたが、これからは世界各国の人たちと比較される時代です。今まで通りの人材育成でいいのか、こうした企業の動きからも考えていく必要があります。

人材育成は啓育によってできる

今までの教育システムでは、日本だけで活躍できる、日本だけで評価をされる、井の中の蛙のような人材しか生み出せず、次の時代に対応できる人材は出てきません。良い大学に行く、良い高校に行く、確かに重要なことかもしれませんが、それは暗記・記憶力が長けているということにしかなりません。しかし、これからはそういたった能力が高いということがグローバル企業の採用条件にはならないのです。

これからは自主的に物事を考え、問題解決のため主体的に行動することが求められます。グローバル企業であれば、語学力はもちろんのこと、社内コミュニケーション能力やさまざまな国の人材と協働してプロジェクトを進行させる能力などが求められてきます。

日本にいるだけでは気づかないことがあると思います。自分自身は井の中の蛙だとは思っていないけれど、結果的にグローバルな視点から客観的に見たときにそれは井の中の蛙になってしまっています。

こうした現状を克服したいと思っても、日本的な閉鎖社会の中では人の顔色を意識せざるを得ないと感じている人たちも多いかと思います。そのため、現状維持という選択をして、面白くも楽しくもない人生を惰性で送っている人もいるかもしれません。しかし、それでは自分の人生に幸福感を感じることができるわけがありません。

こうした現状を克服するためには、啓育によってそれぞれのやりたいことや、生きがいというものをもっと追求すべきです。他者との競争ではなく、自分自身が何をしたいのか、それを引き出すような教育が必要です。

そのきっかけは人それぞれであると思いますが、世界で通用する人材の育成に国家戦略として取り組むべきです。

実際の取り組みとして――トビタテ！留学ＪＡＰＡＮ

私が文部科学大臣のときに、「トビタテ！留学ＪＡＰＡＮ」という文科省主導のプロジェクトを始めました。

これは産学官の「グローバル化に対応できる若者が足りない」という危機感から発案された留学促進プロジェクトです。民間からの寄付による給付型奨学金で世界に挑戦する有望な若者を一万人輩出することや、官民協働で「グローバル人材育成コミュニティ」を形成することを目標として、オールジャパンで日本を変える国家プロジェクトと位置づけています。

結果として、これまでに七〇〇〇人近い生徒・学生が民間支援によって留学することができました。このプロジェクトの特徴は、生徒・学生に求める能力が今までの留学支援とは違うことです。いわゆる「勉強ができる」かどうかの能力は問いません。本人のやる気と志があり、明確な目標があればチャレンジできるということです。留学期間は数カ月から最長で一年になります。これまで留学に縁がなかった農業高校や工業高校の生徒も対象になります。

たとえばある高校生は、ベトナムに行ってベトナムの農業体験をしながら、その中で日本の農業が衰退しているという現実を改善するための方法を探りました。実習する中で、自らが課題を持って取り組んだ結果、日本にいたときには見えなかったことに気づくことができたと後に話してくれました。こういった経験が彼自身の視野を広げ、グローバルに活躍できる人材を育成していくのだと思います。

ほかにもクールジャパンを広げることを目標に、日本文化の一つ「抹茶」を世界に普及させるべく、バンコク、ロンドン、ニューヨークの三都市でリサーチを行い、抹茶関連の企業でインターンをした学生もいます。その学生は現在、ニューヨークでインターンシップを続けながら、クールジャパンの発信者として活躍をしています。

さらに、もともとは引きこもりだった学生がラオスに留学し、日本ではおなじみの九九の歌をラオス語に訳し、生徒に教えたという事例もあります。その結果、その小学校の生徒の成績が上がり、それが現地でも認められて、現在ではラオス中の小学校で使われているといいます。その学生は現在、地方創生と誰にでも居場所のある社会を目指し、地域のハブづくりに従事しています。

このように留学した生徒・学生の活動は広く認められ、さまざまな分野で活躍していきます。そして、その活動は日本国内に留まらず、世界中を自らのフィールドとしているのです。

また、このプロジェクトに参加した生徒・学生の約四割は、プロジェクト支援企業に就職しています。つまり、高校生・大学生が自ら志を持って主体的に行動した結果、支援企業のようなグローバル企業に就職できる人材に育っていったということです。今までの教育とは違い、自らが計画を立て主体的に行動するということが、その後の人生にもプラスになっていると思います。

周りが留学の環境を作ってあげる、背中を押してあげるということも必要だと思います。ところが日本では、海外に赴任した親と一緒に外国で暮らしていても、受験が近づくと日本に帰ってきて、受験勉強をさせるケースが多いと聞きます。日本の名門中学校や名門高校に入るための準備に切り替えていくというのです。

また、留学のチャンスがあっても、日本の勉強や就職にとってマイナスになるのではないかと、留学させることを躊躇する親も多いようです。せっかく子供が留学しても早く帰らせてしまうという傾向もあります。

しかし、子供の将来を考えたとき、留学や海外経験はとてつもなく貴重な財産になるわけです。その意味で、まず親の価値観や意識を変えていくことが必要です。留学は日本の良い高校、良い大学に入ること以上に貴重なものとなると思います。留学体験や海外経験が人生の回り道ではなく、結果的には将来の幸せに近づくということです。

かわいい子には旅をさせろといいますが、子供たちに早い時期からそういった体験させることが、目に見えない財産になるのです。ですから、国の政策としてもそういった方向で支援を進めていきたいと思います。

自身の経験から啓育を考える

私は一九八四年に『「塾」そのありのままの姿——コミュニティ塾創造をめざして』(学陽書房)を著しました。この中で私はなぜ塾を経営することにしたのか、そしてどうして塾経営から政治家を目指すことになったのか、などを述べました。

今回、本書では「啓育」について論じる中で、これからの時代には今までの「教育」とは違う概念が必要であり、それは個人の本当のやりたいことや社会に貢献できることを「引き出す」ことであると述べてきました。

では、なぜ私がそう考えるようになったのか。それには、私自身の原体験があります。そこで再び、私が塾経営に乗り出すことになった経緯、そして政治家になると心に決めた理由を述べておきます。

私は大学四年生になったとき、大学の仲間を集めて学習塾を始めました。今の感覚でいえば、就職活動を始める時期かもしれません。しかし、私自身は自ら塾の経営をすることに決めました。それにはいくつか理由があるのですが、自らの経験から、塾を開設して子供たちに勉強を教え、そしてその子供たちが将来社会に出て活躍できるような人材になってほしいという思いがあったというのが一番です。

私がこうした考えを持つようになったのには、一人の少年との出会いがあります。塾を開設する前、私は家庭教師のアルバイトをしていました。教え子は小学六年生の子供でした。初めてその少年と会ったときのことを今でもよく覚えています。

その少年の父親は、ある私立大学の付属中学校にその少年を進学させたいと考えていました。そのため、何人かの家庭教師をつけて勉強させていたけれど、今までの家庭教師たちではなかなか成績が上がらないので、私のところに役が回ってきたということでした。

少年は気が弱く神経質でした。私にとっては初めての教え子だったので思い入れもありました。そのためどのように接したらいいのか、どうやって成績を上げればいいのかを考えに考えました。

その少年は、名門塾にも通っていたのですが、毎週行われる学力テストではいつも五〇〇〇人中四五〇〇位という成績でした。実際は志望校を諦めることまで考える段階でした。

しかし、私はその少年を見ていて、成績が上がらない原因は性格にあると感じました。成績が悪いとどんどん落ち込み、自分は頭が悪いと悩んでしまっていました。深みにはまっているように思えました。

そこで私は彼に自信を与えるべく、ある方法を実践しました。それは手取り足取り教えることはせず、宿題などを自分自身の力でやらせるということです。解けなくても少しのヒントを与えるだけで、あとは自分で解かせます。間違えれば、また間違えたところからやらせるようにしました。

その結果、彼は自分自身で問題を解くことを覚え、「自分は頭が悪いわけではない」と考えるようになりました。それからは成績がぐんぐん上がっていき、最終的には五〇〇人中六位の成績まで取れるようになりました。

私はこの少年とたくさん話をしました。学校であったことや家族の話もしました。彼が私の下宿まで送るといって、道すがら二人でたくさん話をしました。勉強の合間にはキャッチボールなどもしました。こうして築いた関係によってお互いが信用し、勉強を進め、彼は入学試験に合格し、希望の中学に進学しました。

私はこの経験から、子供の勉強というのは教えてできるようになるのではなく、自ら気づき自発的に勉強が楽しくなるようにすれば、必ずできるようになると思いました。そうなると子供は自発的に学習するようになり、結果的に学力も向上していくのです。つまり、学校の教育のような取り組みではなく、自らの力を最大限引き出してあげる啓育的な方法がいいのだということに気がついたのです。

この教え子が卒業する頃に、私は塾経営を自分ですることを決めました。また、塾の設立資金は、この教え子の親御さんが出してくれたという後日談もあります。その借金は、開設後数年で完済しましたが、あのときのご恩は一生忘れることはありません。

この教え子は啓育的な方法によって自らを成長させましたが、同時にこのときの経験から私自身も自らの志に改めて気づき、その後政治家になり、今日までそのときの思いを持ち続けています。

教育によってすべての人にチャンス、可能性を提供するという思いは、変わらず持ち続けています。

第三章

啓育で子どもも親も成長し、地域も変わる

家庭内における親の役割

子供のやる気や意欲を引き出すことは、家庭において親が意識する大変重要なことだと思います。とくにこれからの時代には、家庭内における親の役割も今までとは変わってくると思います。

日本ではある意味、ロボットのように親の言うことを聞いて、素直にそれに従う子供を良い子であると評価します。しかしその後も良い子だけを続けていたら、一生親の言うことを聞くことしかできない大人になってしまいます。

社会にとって優れた人であるか、社会の中で主体性を持って自発的に生きていくことができるか、ということを考えたとき、親の言うことだけを聞いていては、そのような人は生まれないでしょう。

親にとっては、自分がコントロールしやすく、育てやすいということが重要かもしれません。多様性よりも人の輪から外れず、平均以上には勉強ができて、親の示した方向に進んでほしいと思うかもしれません。しかし、それだけ純粋でコントロールしやすい子供が大人になったとき、その人に果たして次の時代を生き抜く力が養われていると言えるでしょうか。

つまり、今までとはまったく違う時代の到来が予測されているときに、ただ親にとって良い子であることが、その子自身のためになるかということを考えてもらいたいと思います。

また、子供の将来を考えたとき、「啓育」の概念、つまり「啓《ひら》き育てる」という視点に立てば、親の興味や関心を子供に伝え、子供もそれに興味や関心を自発的に持つようになるという考え方が必要です。子供に興味・関心を持たせるには、まず親自身が興味・関心を持つ必要があります。親が興味を持たなければ、子供が興味・関心を持つことはないと思います。

たとえば、子供の情操教育という視点で、今までに子供を美術館に連れて行った方もいらっしゃると思います。もちろん、連れて行かないよりは、連れて行って芸術作品に触れさせることで、そういった分野に関心を持たせるのは良いことだと思います。

しかし、ただ連れて行くだけではだめだと思います。なぜならば、子供は親の姿を見て学ぶことが多いからです。親が関心や興味がないにもかかわらず、子供が興味を示すわけがありません。ですから、子供に好奇心を持たせ、その能力を引き出すためには、まず親自身が好奇心を持ってもらいたいと思います。本を多く読む親の子供ほど、本をたくさん読む傾向があることがわかっています（厚生労働省「21世紀出生児縦断調査」）。それはどんな分野にも共通していることです。

ただ、ここでこんな疑問を持つ方がいるかもしれません。

「私の子供は芸術にまったく興味がない」あるいは「うちの子はスポーツをあまりやりたくないみたい」……「それなのに、子供に興味を持たせることが可能なのか」と。

こういった話はよく聞きます。これついて、私個人の話になりますが、述べておきたいと思います。

私も二人の子を持つ親ですが、長男が物心つく前、小さいときに意識的に美術館や博物館を回る時期を作りました。私自身も興味があったということがありますが、それよりも子供にもそういった分野の興味を持ってもらいたいと思っていました。しかし残念ながら、当時長男はまったく興味も関心も示しませんでした。

ところが物心がついたとき、急に興味を持ち始め、最終的には美術大学に進みました。体験というのは意識しなくても心の中に眠っていて、あるときに急に目を覚ますこともあります。つまり、子供がそのときに意識しなくても、ある日突然その眠っていたものが目覚め、自発的にやりたいと思うことがあるのです。

親が感動すると、それは子供にもちゃんと伝わっているのです。親が楽しむことによって、子供もそれに感化されます。

スポーツの世界でも、一流選手の親がやはりスポーツ選手だったという話をよく聞きます。一流選手が子供の頃からそのスポーツに取り組むことができたのは、親がそれに熱を入れていたからです。野球にしろサッカーにしろ、親が子供に関心を持たせて教えることによって、子供の能力は自然に育まれていくものだと思います。

親は意識的に何かに興味・関心を持っていただきたいと思います。これは、一方的に教育することではありません。子供にさまざまな経験をさせる中で、その子供の持っている能力を引き出すという啓育的な方法なのです。自ら興味・関心を持つことができれば、子供は自ら学ぶことを覚えていきます。

社会の変化と子育てのあり方

戦後七十余年、年号も昭和から平成を経て令和となりました。この間、社会は大きく変わってきました。たとえば、家族のあり方です。

私が子供の頃には、親子三世代が同居している世帯が当たり前にありましたが、現在は核家族化が進み、三世代世帯は減っています。この要因は以前に比べて家を持つことのコストが安くなったことや、地方から都市部に出る若者が増え、新たな地で家庭を持ち、それぞれがその地に家を持つようになったからだと思います。

結果として、子育てをめぐる環境も変わってきました。以前は、親が共働きをしていても、家に帰れば祖父母がいる、地域の人はみんなその子供のことを知っているなど、家族と地域が一緒に子供を育てていくという環境がありました。子供が孤独を感じることは今よりは少なかったのではないでしょうか。

しかし現在は、夫婦と子供だけの世帯が多くなり、子育ての負担が親だけにかかるケースが増えています。とくに母親が一人、悩み苦しみながら子育てをしているということが多いと思います。

平成十八年（二〇〇六）に教育基本法を改正したときに、「家庭教育」に関する規定を新設し（第十条）、「子の教育の第一義的責任が保護者にある」ことを明文化しました。教育基本法第十条は次の通りです。

（家庭教育）
第十条　父母その他の保護者は、子の教育について第一義的責任を有するものであって、生活のために必要な習慣を身に付けさせるとともに、自立心を育成し、心身の調和のとれた発達を図るよう努めるものとする。

2　国及び地方公共団体は、家庭教育の自主性を尊重しつつ、保護者に対する学習の機会及び情報の提供その他の家庭教育を支援するために必要な施策を講ずるよう努めなければならない。

教育の第一義的責任は保護者にあると書かれていますが、本当に母親が孤独の中で子育てを強いられている現状をよしとするのか、ということを改めて考えるときがきています。夫や家族の協力を得られず、多くの母親が誰にも頼れないまま、「孤独な育児」に悩んでいます。いわゆる「孤育問題」です。さらに、日本全体でひとり親家庭は約一四〇万世帯にも上ります。

社会が変わる中で、それに応じたサポートシステムが必要です。

株式会社ワーク・ライフバランスの小室淑恵社長は、一人目が孤独な育児でそれが妻のトラウマになると、第二子は生まれにくいとの調査結果があると言っています。夫が休日等に家事・育児に参加するほど、第二子以降が出生しているそうです。つまり「男性の働き方改革」の環境整備が必要であるということです。

そもそも日本は、先進主要国の中で最も時間をかけて仕事をし、生み出す付加価値が最も低い国です。

今後、経済成長を高めるためにも、男女ともに働ける社会環境づくりを進める一方、短時間労働にシフトしながら生産性の高い働き方改革をすることが重要となります。つまり夫の育児参加とともに、子育てを応援する社会全体のシステムが必要なのです。

もう一つ、科学技術が進歩し、個人のライフスタイルが変化したことによって、かつて当たり前と考えられていた子育てのあり方が変わってきている、という現状があります。それは、親が子に向ける愛着の問題です。

たとえば乳児に授乳をするときの親子の様子を想像してもらえればわかると思います。授乳とは赤ちゃんの成長には欠かすことができない生命の営みです。母親が子に生きていくための栄養を与えるという大切な行動です。しかし、現代では科学技術の進歩に伴い、電話で会話をしながら、テレビを見ながら、さらにスマートフォンで検索をしながら、というように「ながら作業」として授乳や子育てが行われてしまっているという問題があります。

スマホを使った子育てについては、どうしてもながら作業になる部分があります。実際に親のスマホ依存が育児にどういった影響を及ぼすか、専門家の明治大学の諸富祥彦教授はこのように指摘しています。

「親がスマホ依存に陥っているため、子ども、とくに0歳から6歳の幼少期の子どもが、いくら泣いても、アイコンタクトをはじめとした応答を十分に与えられず、親との間に安心できる関係『心の安全基地』を体験することができないまま育ち、その結果、自分の感情をコントロールする力や、他者《ひと》を信頼する力といった、幸福になるうえで必要な「生きる力」を欠いたまま生きることになってしまうのです。（諸富祥彦著『スマホ依存の親が子どもを壊す』宝島社、二〇一六年）

このように、親のスマホ依存、ながら作業が及ぼす負の影響については見逃してはいけないと考えています。確かに、私たちの生活は科学技術の進歩によって便利となり、生活も豊かになりました。しかし、その便利さや豊かさを間違った方法で使っていないでしょうか。私たちが本来失ってはいけないものがあるのではないかと考えていただきたいと思います。

子育ての本質的な意味

こうした話は他にもあります。先日、幼児を持つある母親からこんな話を聞きました。子育てを手伝ってもらおうと思って旦那さんに頼んだところ、喜んで応じてくれたそうです。しかし、その旦那さんの行動を見てがっかりしたというのです。それはなぜかというと、旦那さんは子供と一緒にいるだけで、自分の仕事をしており、意識がまったく子供に向いていなかったというのです。

つまり、「ただ一緒にいることは子育てではなく、意識を子供に向け愛情を注ぐことが子育てだ」ということをわかっていなかったのです。それが普通の子育てだと思っている父親は多いと思います。

しかし、医学的にも心理学的にも子供の目を見ない、子供と会話をしないというのは、結果的に子供にとっては愛着不足になるという研究結果が出ています。親はわが子を大切に思い、愛おしく思い、そして誰よりも幸せにしたいと思っていても、それが結果的には子供に伝わっていない、一緒にいるだけでは子供にその思いが伝わることがない、ということをわかっていないのです。

これはある意味、知識不足だと思います。こうした育児の現場を親自身がわかっていないということがあると思います。とくに現代の生活では、周りにさまざまな刺激がありま す。その面白さや楽しさにかまけて、本来親が与えるべき愛情が子供に伝わっていない、ということはないでしょうか。一度立ち止まって考えていただきたいと思います。

ただ面白いから、ただ便利だからということで、子供を見る時間を減らしてしまっては、親子の情愛は薄くなり、子供はしっかりと親の愛情の下で育まれるということにはなりません。自分のこと以外に興味・関心を持った親に育てられたということになり、その結果愛着不足が生まれていきます。

子供の教育について勉強をされた方の中には聞いたことのある方もいらっしゃるかと思いますが、ジョン・ボウルビィという精神分析学者がいます。彼は、乳児期の間に養育者（主には母親）からの愛情を十分に受けなかった場合、その後の人生において、心身の不安定や行動障害をもたらし、また人間関係にも影響するということを「愛着理論」として提唱しました。幼少期に十分な愛着が養育者との間に育まれない場合、その後の対人関係にも影響が出てしまうということです。

「三つ子の魂百まで」という諺があります。物心がつくまでに形成された性格は年をとっても変わりません。幼い頃にどれだけ大切にされたかが、その子の人生にとって非常に重要であることを、ぜひもう一度考えていただきたいと思います。

親は子供に無償の愛を注ぐことができます。損得ではありません。子供を持つ親の一人として、私も改めてそのことを強く思いました。

私が大学生のときに教員免許を取得するために教育原論という授業を受けました。その講義で私が最初に学んだことは、「人間は教育によって初めて人間になる」ということです。

動物は生まれたときから動物ですが、人間は生まれたときから人間なのではなく、教育によって人間になれるのです。生後しばらくの間は、人間になるための期間です。人間という言葉は「人の間」と書きます。これは、人間は社会的な動物であることの表れでもあると思います。

つまり、人間は社会の中で育ち、社会の中で自らの価値を見出すことによって人間となっていくのです。だからこそ、生まれてから社会に出るまでの期間、親がどのように子供を教育したのかが、非常に重要となってくるのです。その意味で、これからの時代、社会環境の変化に対応して教育はどうあるべきかが大切な問題となってくるのです。

啓育という概念で子育てを考える

ここまで、科学技術の進歩に伴う教育環境の変化、家庭内の子育てについて、そして子育ての本質的な意味について述べてきました。ここで、これらの問題について私の考えを記しておきたいと思います。

時代とともに社会環境も家庭を取り巻く環境も大きく変わってきました。私もそうしたことに関する研究や意見に接し、あるいは各種施設に足を運ぶ機会が増えました。そして、本質的に変わらない、大切なことがあると確信しました。

それは、目の前のわが子に対して無償の愛情を注ぐことです。さらに、地域社会で出会う子供たちに愛情を向けていくことです。子供たちは宝です。この一番大切なことは変わりません。この本質的な部分を間違っては、どんなに良い政策ができても、社会は良い方向に向かうことはないと私は思っています。

その土台があってこそ、啓育としての子育てができます。つまり、子供たちがやりたいことは何か、どんなことに興味・関心があるのか、引き出してあげることが大切です。

政治家の立場からいえば、社会の変化に合わせて制度設計が必要です。社会全体で子供を育てることができるように、教育環境の整備は続けていかなければいけません。教育現場でも子供の自主性や興味・関心がかき立てられるような教育プログラムを用意していくことが大切でしょう。啓育を通して子供たちが自らの人生にやる気を持てるような環境をつくっていくということが重要なのです。

しかし、社会の制度がどれだけ変わっても、親の愛情に勝るものはありません。そのため、子供を見つめ、その子供の本当にやりたいことは何なのか、そしてそれをするために何をしてあげられるのか考えていく必要があります。社会の制度を変えることは弛まず行うべきですが、家庭における家族の愛情は、子供にとって何よりも重要です。

ですから、目の前の子供たちに、まずは惜しみなく愛情を注ぐことです。そのことが子供の「啓育」の第一歩だと思います。

啓育によって親も変わる

ここまで子育てについて述べましたが、次に子育てをすることで親も変わること、そしてそれが自らの成長にもつながっていくということについて論じたいと思います。

子育ての中で最も素晴らしいことは何か。それは子育てを通して、まったく新しいことに興味・関心を持てることです。それは親自らの成長ともいえます。今まで自分一人では行かなかったけれど、子供ができたら行くようになった場所などもあるのではないでしょうか。見るテレビ番組や聞く音楽なども子供の影響を受けて変わったということもあると思います。これらはすべて子供ができたことによる自己成長だと思います。

たとえば、どこかの田舎に旅行に行って、子供と一緒に陶器づくりを体験します。そして、今まではそういったことをしようと考えたこともなかったけれど、子供のためと思ってやってみたら、自分の新たな興味・関心が引き出されたとします。つまり、陶器づくりという初めての経験が、親子の新たな成長につながったということです。

これは自らが主体的に行動した結果であり、学校教育や社会教育で教えられたものではありません。「啓育」としての一面があると思います。その経験は子供がいなかったら一生しなかったかもしれません。子供ができて初めて経験することもあります。つまり、子育てとは一方的な教育ではなく、共に学ぶ機会でもあるのです。

実は私も若い頃に同じような経験をしました。かつて、父と子がキャンプに行き、焚火で大きなハムを焼いて父子で回して食べるというハム会社のCMがありました。私はこのCMを見たとき、いつか自分の子供と一緒に同じことをしたいと思いました。

私自身は九歳のときに父親を交通事故で亡くしているので、こういった経験はできませんでしたが、いつか子供たちとしたいとずっと思っていました。その夢は私が父親となり、子供が小学校に通うようになったときに実現しました。家族でキャンプ場に行き、枯れ木を集めて焚火をし、CMのようにハムを焼き、父子で回して食べました。

私はあのときのハムの味を今でも覚えています。そして、父子で体験したあの瞬間が私の人生にとってかけがえのないものとなっています。あの体験が家族の絆を深めてくれたと思っています。そして子供を持つことの幸せをつくづく感じました。

子供たちが大人になってそれを思い出として話すとき、彼らの中に私と同じような記憶として残っているかどうかわかりませんが、今までの仕事ばかりしている父親とは違う父親像として、残っているのではないかと思います。

つまり、子育てによって親自身も変わるのです。それこそ今まで経験できなかったようなことです。子供を育てるときに絶対ということはありません。自らが考えなければ、子供は育っていきません。親としての試行錯誤の中で子供は育ちます。ですから、子供を育てるということは親自身の啓育でもあります。

虐待問題に思うこと

厚生労働省の発表によると、平成二十九年度中に全国二一〇カ所の児童相談所が児童虐待相談として対応した件数は一三万三七七八件でした。これは過去最多で、統計を取り始めた平成二年度から二十七年連続で増加しています。

子供を愛せない、あるいは子供を虐待する親は、その九割近くが子供の頃、同様の虐待を受けているといわれています。虐待を受け、親に大切にしてもらえなかった子供が成長して親になったとき、自分の子供を虐待してしまうのです。つまり、親自身が自分を変えようとしなければ、負の連鎖がずっと続くことになります。

虐待をしてしまう親の多くは、こんな親ではダメだ、自分が変わらなければダメだと思っているはずです。しかし、なかなか変われないという現実があります。

この問題には、やはり社会が関与していく必要があります。予想以上に子供を育てる親の孤立が進んでいるということだと思います。子の教育の第一義的責任は保護者にあるという教育基本法第十条の説明を先ほどしましたが、親へのサポートという視点での関与も必要です。

子供の生命を守るための制度づくりには早急に取り組むべきです。しかし、根本にある親の孤立ということも同時に解決していかなければ、この問題を完全に無くすことはできません。

人は一人だけで生きているわけではなく、また家族だけで生きているわけでもありません。何かを過度に偏重した関係は、どこか歪んだものになってしまいます。親も子供もいかに社会に溶け込んでいけるか、自らの手で社会に対して窓を開けることができるか、それが重要なことはいうまでもありません。それには、社会全体がそういった家族を見守りながら、手を差し伸べながらコミュニティを形成していくことが必要です。

親子関係がどうしようもなくなったとき、児童相談所や警察が対応するという対症療法的な制度ではなく、家庭が地域社会に溶け込みやすい環境をつくっていくことが重要です。地域社会と家庭との一体感の中で、家族が安心して暮らしていけることが大切です。

そのためには、自分から社会に溶け込んでいく行動が必要です。主体的に自らが考え行動に移す。そして、助けを求められた地域の人たちは、手を差し伸べることができるような寛容な態度が必要です。それには、助ける側も考え行動しなければなりません。そうすることによって地域が変わり、救われる人たちがいるはずです。

二〇一九年六月、改正児童虐待防止法と改正児童福祉法が成立しました。親権者による体罰禁止の明記、児童相談所の対応力強化などを盛り込んだ改正法は、二〇二〇年四月から施行されます。

もちろん、この法改正が虐待の防止につながることを切に望んでいます。しかし、それだけで児童虐待を完全に無くすことは難しいと思います。児童虐待問題克服の成否は、私たち一人ひとりがこの問題をどう考え、どのように行動するかにかかっています。そして、社会環境は一人ひとりの考え方と行動によって変えることができるのです。

子供の生命を第一に考え、社会の中で子供を育てる。こうした主体的な地域の行動が、これからの社会ではより重要になってくると私は思っています。

「自由」についてもう一度問う

かつての日本、とくに高度成長期以前の日本には、閉鎖的な村社会が各地に残っていました。地方の狭い地域社会の中では人間関係が濃密で、常に誰かに見られているような息苦しさや無言の圧力を感じさせる空気がありました。

そんな村社会の生きづらさを嫌った若者が、少なからずいたはずです。彼らは故郷を出て都会に向かいました。出てきた直後は閉鎖社会の人の目から解放されて、都会の自由な空気を満喫したでしょう。

彼らは都会で働き、家庭を持ち、やがて親になり、地域社会との関わりができてきます。そのとき、彼らは自由が単なる放縦に堕してはいけないと思い始めたはずです。一定の秩序やルールが必要だということに気づいただろうと思います。

今の若い人たちと話していても、自由と放縦を取り違え、周りを顧みない言動が見えるときがあります。しかし自由は放縦と違い、決まったルールや秩序の上での自由であるべきなのです。

村社会の閉塞感を嫌って都会に出てきた若者は、当初、しがらみのない社会で解放感に浸り、気づかなかったかもしれませんが、都会といえども人が住んでいる以上、地域社会が存在します。そして地域社会の秩序を守るために、まったくのボランティアで活動をしている人たちが必ずいます。私は町会や自治会の方と会う機会があるのでわかっていますが、このことを若い人たちにも知ってもらいたいと思います。

たとえば、駅の周りや公園を掃除している人を、朝見かけることがあると思います。こうした活動の多くは、町に住んでいる方のボランティアです。早い人は朝六時ぐらいから始めています。皆さんがもし道端にごみを捨てたとして、それを拾っている人は隣に住んでいるおばあちゃんかもしれないのです。

また、夜の見回り活動も地域の方が中心になって行っています。蛍光のジャケットを着て、「火の用心」と声を出しながら歩く集団を見たことがあるかもしれません。それもすべてボランティアです。

自分の町が綺麗で住みやすいと感じることがあるとすれば、それは誰かのお陰によって成り立っていることなのです。そのことに感謝することは、社会に生きる人間として、とても重要なことです。

自由はできるだけ謳歌してもらいたい。自らの選択で自らの道を切り拓くのは大切なことです。しかし、同時に社会の中で生きる人間として、誰かに支えられて生きているということも忘れてはならないのです。

平穏で安全な社会であるためには、一定のルールが必要です。誰しもが好き勝手に過ごしていては、無秩序な社会になってしまいます。それでは信頼関係が成り立つ社会ではなく、アナーキーな社会になってしまいます。そうならないために、ルールやマナーは必要なのです。

自ら考え意識することがなければ、気づかないことが多くあります。たとえ気づかなくとも、社会は関わり合いの中で成り立っています。自分がごみを捨てれば、それを拾う人がいます。そのことを自分がどう考えるかが問題なのです。人から教えられてわかったつもりでも、行動しなければわからないのと同じことです。

主体的に行動するということは、自由放任とは違います。社会との関わりの中で、自分を確立し、自らの行動によって社会全体を良くしていくことだと私は考えています。

二〇二二年度から高校では新たに「公共」という教科が導入されます。これは社会のさまざまな活動に参画する力を養うための教科です。従来の現代社会の授業は、社会の仕組みを知識として教えるものですが、それをどのように社会に参画し他者と協働していくかを考えさせるものに変えようというわけです。つまり、より良い社会づくりのために、主体的に行動するための準備をしようということです。

選挙権年齢が十八歳に引き下げられましたが、残念ながらこれを権利が得られたと歓迎するよりも、義務として負担が増したと考えている若者がたくさんいます。わが国は二十歳代、三十歳代の投票率がその上の年代よりも低く、社会参画にも関心が低い傾向があります。

ＯＥＣＤの幸福度調査では投票率も指標になっていますが、日本は他の国よりも投票率が低く、とくに若者の投票率が低いことが、日本の幸福度の評価を押し下げる要因となっています。

ＯＥＣＤでは、投票率は政治への信頼ととらえているようですが、日本ではそもそも学校教育において、主権者教育がこれまできちんとなされたことがありませんでした。そこに日本の低い投票率の原因があると考えます。

今後、新教科「公共」によって、国家および社会の形成者として必要とされる基本的な資質がさらに養われることを期待したいと思います。そして国や社会は誰かが担ってくれていると無関心でいるのではなく、自分も何らかの形で関わることによって、さらにより良いものにしていくことができるという主権者の意識を持ってもらいたいと思います。

地域コミュニティの変化

残念なことですが、最近は町会も形骸化しているところや、高齢化によって廃止になっているところがあります。これにはさまざまな要因がありますが、若者が積極的に参加したいと思えないことが、原因としてあると思います。

構造的な問題も関係しています。町会によっては縦社会的なところが残っていて、長老の意見や今までのやり方に拘《こだわ》ってしまうという問題点があります。田舎であれば若者も諦めてしまうかもしれませんが、都会で同じようなことをしていては、若い人たちが敬遠してしまうでしょう。

つまり、これからの町会に必要なことは、若い人たちがやりたいと思ったことを、他に迷惑をかけないものであれば、許容することではないでしょうか。私の地元の板橋区でも、町会によっては若い人が増えており、積極的に地域を盛り上げようと活動をしている人たちがいます。その根底にあるのは、柔軟に若い人の意見を受け入れる発想です。

強制的に何かをさせるのではなく、若い人たちに息苦しさを感じさせない寛容性を意識している町会は、残るのではないかと思います。そして今後もそうした町会が増えていくことを期待しています。

こうした変化を見てもわかるように、町会に限らず、啓育によって若い人たちのチャンスや可能性を伸ばそうと思えば、今までの踏襲に拘ることなく、若い人の意見を取り入れ、柔軟に対応することが重要です。そうすることによって若い人たちも積極的に行動ができ、能動的に努力を進めていきます。上から教えることも時として重要ですが、若者が持っている発想を活かすということも、これからの時代には必要です。

町会の話ではもう一つ、外国人の問題について述べておきます。この問題のほとんどは、コミュニケーション不足が原因だと思います。もしかしたら、その根底には排除の論理があるかもしれません。いずれにしても外国人に対して、もう少し寛容になる必要があります。

文化の違いによって問題は起こります。たとえばゴミ出しにおいて、週に何回か燃えるゴミと燃えないゴミの回収があり、それを分別することが日本では当たり前です。しかしこれを守れない外国人もいます。このことで外国人を敬遠するというのは、次の時代に対応できる考え方とは言えません。

まず日本ほど公衆衛生が進んで、綺麗な国はないと私は思っています。ゴミを分別してきちんと決まった日に回収するということを日本ほど徹底して行っている国は、世界を見回しても多くありません。そもそもその習慣がない国の出身者からしてみると、ゴミの分別自体が難しいのです。それを責めるだけでは、コミュニケーションが成立しません。

日本に住む外国人は最初からやる気がないと決めつけて非難するのではなく、共生の精神で手を差し伸べ、日本のルールやマナーを教えていくことが大切だと思います。それができるのが日本の素晴らしいところでもあります。

啓育とは周りの環境を変えることではありません。自ら考え、社会との関わりの中で自らが成長していくことです。町会の問題にしても、自分の行動によって良くも悪くもなるということに気づくことが大切です。

日本の「教え・育てる」教育は、ある意味、「言われたことに従う」人づくりには長けていますが、「自ら考え行動する」人材育成が苦手な部分があります。しかし、これからの時代は教えられることがすべてではありません。自ら考えることがより求められてくるのです。

第四章

啓育と人生百年時代

人生は六十歳で終わるわけではない

内館牧子さんの小説に『終わった人』（講談社、二〇一五年）という作品があります。読まれた方も多いと思います。映画化もされているので、ご覧になった方もおられるでしょう。

主人公はいわゆる東大卒の学歴エリートで、大手銀行に就職し、結婚して、娘にも恵まれます。他から見れば、順風満帆の人生を送っていました。しかし、定年を契機に人生が変わっていきます。

とくにすることもない日々を送っていたところ、ベンチャー企業の社長になってほしいと頼まれ、受けたはいいが結果的に破産、多大な借金を抱え家族にも見放されてしまう。主人公は、自分は人も羨むエリートだと思っていたのに、定年を迎えると、自分も「ただの人」だったと思い知らされます。最終的には生まれ故郷の盛岡に帰り、また新たな人生を歩んでいくというストーリーです。考えさせられる素晴らしい小説ですので、まだ読まれていない方は、機会があればぜひ読んでいただきたいと思います。

私はこれを読んだときに、人生とは残酷なものだなと思いました。この世の欲得とか名誉とかは本当に儚《はかな》いものだと思いました。今までの時代を映す鏡として、この小説は示唆に富むものでした。同時に、これからの時代は違うのではないのかとも思いました。

これからは六十歳が定年で、その後は「終わった人」になるような時代ではないと思っています。働いている期間が人生で、その後の人生はあってもなくてもいいということにはなりません。今まで競争社会の中で勝ち抜き、お金を稼ぐことに人生の価値を見出していたとしたら、そういう価値観の時代は終わろうとしています。

つまり、六十歳で人生が終わるわけではないのです。それどころか、今まさに「人生百年時代」を迎えようとしているのです。

ちなみに「人生百年時代」というのは、ロンドン・ビジネススクールのリンダ・グラットン教授らが著した世界的ベストセラーの邦訳『ＬＩＦＥ　ＳＨＩＦＴ（ライフ・シフト）――１００年時代の人生戦略』（リンダ・グラットン、アンドリュー・スコット著、池村千秋訳、東洋経済新報社、二〇一六年）によって、日本でも広く知られるようになった言葉です。

平成二十九年（二〇一七）九月からは、人生百年時代を見据えた経済社会システムを創り上げるための政策のグランドデザインを検討する会議として、安倍晋三総理を議長とする「人生１００年時代構想会議」が開催されています。同会議にはリンダ・グラットン教授も有識者議員の一人として参加されていました。

同会議の問題意識の一端をご理解いただくために、同年十二月に発表された「人生100年時代構想会議　中間報告」の冒頭部分を紹介しておきます。

「我が国の長寿社会はどこまで進んでいくのか。ある海外の研究を基にすれば、『日本では、2007年に生まれた子供の半数が107歳より長く生きる』と推計されており、我が国は健康寿命が世界一の長寿社会を迎えている。こうした人生100年時代においては、人々は、『教育・仕事・老後』という3ステージの単線型の人生ではなく、マルチステージの人生を送るようになる。（中略）

こうした『超長寿社会』を世界に先駆けて迎える日本において、単線型ではない、多様な『人生の再設計』をどう可能としていくか。教育や雇用制度、社会保障など、国の制度はどうあるべきなのか。これこそが、本構想会議が人生100年時代を見据えて考えなければならない大きなテーマである」

この報告にもあるように、これまでは人生を「教育・仕事・老後」という三つのステージに分け、「定年」を一つの区切りとして、それ以後の人生を「老後」と見做すのが一般的な考え方でした。

しかし、このような考え方は過去のものになろうとしています。実際、定年後に新たな仕事を始めた人や社会貢献活動に精力的に取り組んでいる人もたくさんいます。今後は定年後のほうが輝く人が出てくるかもしれません。

これからの時代には、「人生」に対する基本的な考え方が、今までとはまったく違ったものになるのです。その意味で、「終わった人」になるかならないかは、個人の考え方次第なのです。

人生百年時代には、自分は何をしたいのか自問自答しながら、学んでいく姿勢が必要となってきます。そのことによって初めて、人は生き生きと生活することができるようになるのです。

私の知り合いにも有名大学を卒業して、大企業の役員まで務めた人がいます。数年前に六十歳で定年を迎え、今は悠々自適の生活を送っているという話を聞きます。しかし、体力的にも精神的にも元気であるのにその能力を活かさないのは、私には非常に「もったいない」ことのように思えます。今は確かに楽しいかもしれませんが、人生がもう終わるわけではありません。人生が続くかぎり学び続け、社会との関りの中で生きていくことが、本当の喜びではないでしょうか。

六十歳にして自らの人生を社会から切り離してしまって、その後の人生は本当に幸せなのでしょうか。まだできることがあるはずだと思います。社会もそうした人材を求めています。さらに、健康でいることはそれ自体が社会貢献であり、社会の中で活動している人のほうが健康寿命は長いのです。

もちろん、高齢者としての働き方は今までと同じである必要はありません。七十代、八十代、そして九十代に適した働き方をすればいいのです。週休三日や時短就業など、方法はさまざまです。

社会の制度を変えていく必要もありますが、一人ひとりの意識を変えていくことも必要です。今までは六十歳で定年と考えていた人も、その後の人生を改めて考え直すときがきたのではないでしょうか。

先に学校教育や就学前教育における啓育について述べましたが、人はいくつになっても、学び続けるかぎり、その内に秘めた能力を引き出し、発揮することができるのです。ですから、高齢者の方々にも啓育という視点から、もう一度自分の人生における幸福とは何か、本当にやりたいことは何かを考え、再チャレンジしていただきたいと思います。

人生を幸せに歩むために

内閣官房人生１００年時代構想推進室が作成した資料によると、二〇一六年の六十五歳から六十九歳の就業率は、日本では男性五二・九％、女性三三・四％となっています。それに対して、たとえばフランスでは男性八・〇％、女性四・九％です。

日本は世界的にも高齢化率が高いということもあって、労働力の確保という意味でも、高齢者の就業率が高くなっているという側面があります。しかし、そのことよりも問題となっているのは、「働きたくはないが、働かないと生活ができないから」という理由で働いている人の割合が多いことです。

これは、「社会とのつながりが欲しい」「自分の能力を活かして社会貢献をしたい」などのポジティブな意見とは違い、社会不安につながっている問題だともいえます。実際に、「お金を得るために働く」という割合が日本では全就業者で見ても五〇％を超えています。

私はこの状況について危機感を覚えています。本来であれば六十歳で定年を迎えた時点で自由な選択ができるはずなのに、それができない。苦しく辛い労働がまだ残っているということになります。これで人生を幸せに生きていくことはできないでしょう。

必要なのは、制度とは別に日本社会に根づく「教育」的な思考を変えていくことだと思っています。今までの時代は労働の対価として賃金を得るというのが普通でした。そのことによって日本も成長を遂げてきたといえます。しかし、今後は「働く」ということに対する考え方を変える時代です。

日本の教育は画一均一の人材を育てることには長けており、そのことによって人生における経済的豊かさもある程度、担保されていました。しかし、前述した通り、これからの時代は、自らが主体的に動き、自立していかなければ、そもそもの労働がなくなる可能性もあります。

近い将来、「無用者階級」が誕生し、多くの人々が「働かなくてもいい層」となったとき、これまでの労働観は大きく変わることになります。それはある意味、趣味やゲームとしての仕事であったり、社会参加としての仕事であったりするでしょう。自己実現を果たしながら、同時に社会の役に立つ行為としての仕事かもしれません。働く時間も場所もすべてフリーとなってくるでしょう。

前時代の人には遊んでいるようにしか見えないでしょうが、実は社会に貢献をしている。このような行為は、これまでの労働観とは大きく異なっています。しかしそれを各自が持たなければ、やはり生きている価値を見出せない人生になってしまうでしょう。

このような時代の到来を前に、これからは一人ひとりの意識も変えていく必要があります。たとえば、大学を卒業したら若者が本を読まなくなった、勉強をしなくなったといった話は、以前からよく耳にしていました。しかし、これからの時代は学び続ける必要があります。

何らかの答えが見つかったからおしまいということではなく、どういう時代になるかわからないからこそ、常に自問自答しながら内なる能力を引き出す努力を続けることが求められています。そうすることによって、何歳になっても幸せに過ごせるようになると思います。

今必要な情報と今後必要になる情報が違うように、これからの時代は自らが能動的に学習していくことがより求められると感じています。

こうした意識改革が、「教育」から「啓育」に変えることで実現できると思っています。人は好きなことであれば疲れ知らずで続けることができます。自分にとって楽しいことや好きなことが何か、少し考えてみるといいのではないでしょうか。

地域コミュニティを活かしながら

二〇一八年一月、イギリスで孤独担当大臣が誕生しました。イギリスでは孤独が社会問題となっており、人口六五〇〇万人のうち九〇〇万人が孤独に苦しんでいると推定されています。孤独は学校や地域で友達をつくれない子供、ひとり親家庭、初めての出産後の女性、一人住まいの高齢者等、すべての年齢層に当てはまり、さまざまな社会的背景を持った人に影響を及ぼします。

イギリス国内の調査によると孤独状態が慢性化すると、一日にタバコを一五本吸ったのと同等の害を健康に与えるということがわかりました。その結果、雇用主には年間二五億ポンド（約三七〇〇億円）、経済全体には三二〇億ポンド（約四・七兆円）の損失を与えるといいます。

こうした深刻な状況を打開するため、イギリス政府は以下のような具体的な施策を進め、今後戦略として孤独問題に取り組むことを決めたそうです。

①かかりつけ医による地域活動やコミュニティ活動紹介。

②事業者による従業員の健康や社会生活の支援。
③郵便配達員による通常業務の一環での見守り実施（政府と郵便事業が連携）。
④コミュニティカフェやアート空間等のコミュニティスペースの増設。
⑤小中学校の人間関係教育への孤独問題の組み込み。
⑥各省施策の中に孤独対策の視点の取り入れ。
⑦長期的健康課題を抱える人々へのボランティア活動を支援する試験プロジェクトの実施等。

これはイギリスだけの問題ではありません。日本においても同様のリスクがあります。高齢者の問題だけ見ても、イギリスの六十五歳以上人口の割合は二〇一六年に一八％（国家統計）ですが、日本は二七・三％（総務省統計局の人口推計）であり、日本のほうがはるかに高いのです。

つまり、高齢者の孤独というのは日本にも当てはまることです。もしかすると日本のほうが事態は深刻かもしれません。日本では高齢化率が高くなることについて、ポジティブに考えていこうという意見と、ネガティブに捉える意見の両極が存在しています。しかし、現状のままでいいという意見はありません。社会の制度や仕組みを変えて対応する必要があるというのは共通認識だと思います。

しかし孤独の問題を考えたとき、それは制度や仕組み以上に個人の意識に起因することが多いのではないでしょうか。つまり、世の中が便利になれば孤独が減るかというと、それは違います。ある意味でＩＴと交通手段の発達によって、家族が離れて暮らすことが可能となりました。テレビ電話は素晴らしい発明です。しかし、テレビ電話が終わった後の虚しさは、会えないときの寂しさよりももしかしたら大きいのではないでしょうか。つまり、世の中が便利になることが孤独を減らすというのは必ずしも事実ではなく、むしろ新たに生まれる孤独があるということです。

テレビやスマートフォンを見て過ごし、一日誰とも話さないという人もいると思います。しかし、それが本当に幸せなのでしょうか。孤独を感じながら生活するということは幸せではありません。確かに科学技術が進歩したことによって個人の生活は自由になり、楽しみが増えたのは事実でしょう。しかし、人が幸せに暮らすということは、他者との関わりの中で自分の居場所を見つけることだと思います。

私はこうした孤独の問題を考えたときに、町会や地域というものを大切にするべきではないかと思っています。

前述した通り、以前の村社会のようなコミュニティは閉塞感があり、窮屈に思うことがあったと思います。そのことによって若い人が敬遠して、なかなか地域の中に入ってこられないという問題もあります。しかし、この問題は若い人に限りません。

今まで会社で働いていた人が、六十歳になって突然地域コミュニティの中に入っていくのは難しい部分があります。プライドが邪魔をしてしまう場合もあれば、今までの上司の立場から一町会員として活動することが受け入れられないということもあるかもしれません。しかし、社会から孤立するのは、人生においてもったいないことです。

六十歳で社会との関わりを閉じてしまったら、その先は辛く苦しいと思います。孤独は社会からの疎外感にほかなりません。こうした状況を変えることができるのは、一人ひとりの社会との関わり方によります。

町会活動だけをすればいいということではありません。自分のできる範囲で関わりを持とうとする主体性が大切だということです。私の知っているかぎりでは、自宅を改装して週一回の個人経営のパン屋をしている人もいます。週に数回だけ地域の子供たちに勉強を教えている人もいます。こういった活動のすべてが関わりなのです。今まで培った能力と経験を新たに社会に還元するというのは、非常に素晴らしいことだと思います。

地域とは個人の能力をいくらでも活かせる場です。自らが主体的に考え、やりたいと思ったことをまずはやってみる。そのことによって地域とつながりができます。そうすれば孤独ではなくなります。

便利であることはいいことですが、これからはその便利さのさらに先、個人の幸せということを考えていくときではないでしょうか。制度や仕組みとして手助けできるところは、政治に携わる者がしっかりとやるべきです。しかし、その前に、一人ひとりが社会の中でどう生きていくのか、改めて考えていく時代です。

世の中の考え方は変わっていく――六十歳以上は老後ではない

これからの時代に大きく変わってくるのが、人生のステージについての考え方です。たとえば四年制大学卒であれば、今までは二十二歳で大学を卒業するまでの期間を第一ステージ、二十二歳から六十歳の定年までの期間を第二ステージ、そして定年後の期間を第三ステージとして、三つのステージで人生を考えていました。

しかし、医療の進歩により、今後生まれてくる子供たちの平均寿命は百歳を超えると予想されています。健康寿命も今よりも伸びて、六十歳で仕事を辞めて働かないで生活ができるのか、さらに根本的にそういった人生の送り方が幸せなのかということも考える必要がります。

いずれにしても、これからの時代は働きながら学ぶ、学びながら働く、学び直しをするということが普通になってきます。

先に紹介した「人生１００年時代構想会議　中間報告」に「人生１００年時代においては、人々は、『教育・仕事・老後』という3ステージの単線型の人生ではなく、マルチステージの人生を送るようになる」と記されていましたが、まさにこういうことをいっているのです。

しかし、日本ではまだこうした「マルチステージの人生」という考えが根づいておらず、制度と仕組みについては、今後の議論に俟《ま》つ必要があるでしょう。

人々の人生というのは、画一均一ではありません。多様性の中で個人の選択によって変えることができます。働き方も多様性がますます広がってくるでしょう。これからは働くこと、学ぶこと、余生を楽しむこと、地域や社会に貢献することに境目がなくなってくると思います。

近代工業化を遂げた日本は資本主義の中で成長を続けてきました。そのバックボーンとなったのが、三つのステージのような考え方です。しかし、経済成長についての考え方自体が、最近では見直されてきていると思います。何もない時代の成長と多くのものに囲まれている時代とでは、経済成長率も変わってくるのが当然です。

これからの時代は個人が自分の能力を常に伸ばし、やりたいことを考えて実践をしていく時代です。誰かに仕事を提供され、機械的に上司の言うことを聞いていればいいということではありません。働く場所も固定化されず、ありとあらゆる場所がオフィスになります。働く時間も個人の選択によって決めることができるのではないでしょうか。つまり、今までのような三ステージの根幹をなしていた部分が変わってくるということです。

日本における資本主義と近代工業化には、たった百五十年の歴史しかありません。江戸時代までの日本では、働くことや地域活動をすること、学ぶことが明確に区別されていたわけではありません。身分による違いはあったにせよ、毎日の生活の中で、自分で考え何をするか決めていたのではないでしょうか。

つまり、今の時代は会社に行くことや学校に行くことがある意味決まっているから行っています。しかし、それがない時代には、自分で何をして一日を過ごすのか考えなければいけません。それが次の時代に求められるのです。

六十歳以上が老後と決めてしまったら、百歳までの四十年間はただ退職金と年金をもらいながら生活するだけになり、そこに幸せがあるようには思えません。興味を生かしながら学び直しをして、そしてまた社会で活躍をするほうが幸せではないでしょうか。

これまでの人生の時間軸は単線的に伸びていたかもしれません。しかし、これからは複線的に伸びていきます。まさに「マルチステージの人生」が当たり前になるのです。こうした考えを持ちながら、自分のやりがい、生きがいがをもう一度考えてみる時代になりました。

もちろん、社会の制度や仕組みも変えていく必要があります。六十歳以上の方の再就職先として提供される多くは、交通整理や駐輪場の係員など肉体労働が多いのが現状です。これでは、せっかくの経験が活かされません。今まで知的労働をしてきた人に対して、肉体労働を強いるような世の中ではあってはいけないと思います。

活躍できる場を社会が提供できていないということは、課題として解決策を見つける必要があります。それぞれの経験や実績を活かせるような仕事を提供していくことができれば、そこには仕事のやりがい以上に、人生の楽しみや生きがいが生まれてきます。

ただし、働く側の考え方も変わる時代です。これからの時代は、今までのようなトップダウンで物事が決まる時代ではありません。それぞれの意見を聞きながら、チームでゴールを目指していくことが求められます。そういう意識が広がっている中で、俺は偉かったとか、俺にはこんな経験や実績がある、という意識は次の時代の人には受け入れられません。

もちろん、経験や実績を参考にしたいと考えている若者や企業は多いでしょう。しかし、これからの時代は、違う年齢層の人と共同で働くことが求められます。さらに知識の優位性よりも、人間にしか持ちえない能力（クリエイティビティ、マネジメントスキル、ホスピタリティ）が重宝される時代です。

ですから、常に周りとの関わり合いの中で、自らを磨いていくということが求められます。その意味で、新たな価値観を創造して、コミュニティの中で活躍するためには、今までとは違う啓育的な視点、つまり、教えてやるということではなく、ともに学びながら成長していこうとする姿勢が必要です。

世の中の考え方は変わっていく——三十代、四十代の方へ

現在の第二ステージの真ん中の世代が三十代、四十代だと思います。中には、今行っている仕事が本当に自分に合っているのか、本当に正しい選択なのか、疑問に思っている人がいるかもしれません。しかし、そう思われたのであれば、まずは全能力を傾けて今の仕事に取り組んでみることです。

中途半端に生きることは幸せではありません。現在はワーク・ライフ・バランスが必要であり、仕事と家庭と趣味のそれぞれを大事にしながら、働きやすい環境で働けることがよいことだと考えられています。この点については私も賛成です。国の制度としても取り組んでいくべきことだと思っています。

働き方改革もその一環です。できるだけ残業時間を減らして、家族との時間を大切にする、そのことによってプライベートも充実させていくというのは、素晴らしいことだと思います。

しかし、ワーク・ライフ・バランスと働くことの意味や意義というのは、別の問題だと思っています。働くことに前向きではなく、指示されたからやっているということでは、そもそも人生を幸せに送れているとは言えないでしょう。働く時間や仕事の時間というのは人生の中でも最も長いものです。それにもかかわらず、その時間が精神的に中途半端であっては幸せなわけがないと思います。

自分が今やっている仕事がつまらない、やりがいを感じないというのは、それだけで人生の中で不幸を感じているということになります。こうした状況を変えることができるかどうかは、自分自身の考え方を変えられるか否かにかかっています。

私の事務所にも二十代、三十代の若い秘書がたくさんいます。彼ら自身も政治家になりたいという思いの中で日々努力しているところがあります。彼らにも話すことがありますが、今やっていることに疑問を持ったら、まずは自分の全能力を傾けて取り組むことです。無駄な時間を過ごすのではなく、今やっていることに集中して全力を傾ける。それを変えることができるのは周りではなく、個人の意識でしかないのです。

どんな職業であれ、やりたくないことやつまらないと思ってしまう仕事があるでしょう。しかし、こうした状況でも前向きに仕事に取り組むことができれば、必ず道が拓けてくると思います。もちろん、辛い苦しいということであれば、相談をして転職を考えるというのもいいでしょう。ただし、その前に自分の全能力を一度、今の仕事に傾けてみるというのも、人生の中で無駄にはならないことです。

一つの仕事を十年徹底したら、その道のプロになることができます。しかし、漫然と何となく十年を過ごしてしまったら、何も残りません。そうならないためにも、もっと効率的にできる方法はないのか、方法を変えたら業績は上がるのではないか、スキルを身につければ人からもっと信用されるのではないか、そういうことを常に考えながら今の仕事に取り組んでみることが大切です。そうすることによって、道は拓けます。

嫌な仕事を続けることは薦めていません。一生懸命取り組んでそれでも合わないと思うのであれば、転職もいいと思います。ただし、中途半端にしか仕事をしていないにもかかわらず、逃げ出すように仕事を変えてしまうことには賛成できません。結局それは周りの環境のせいにしているだけで、実は本人の問題なのです。それでは転職しても同じ結果になってしまうでしょう。

政治家になりたいと思って入ってきた秘書に同じことを話しています。
「どんな職業であっても辛いことはある。しかし、それを今乗り越えることができなかったら、一生そのままになってしまう。これは他者との競争ではなく、自分自身への問いかけ。だから、昨日の自分よりも今日の自分のほうが成長できたと感じる仕事をしてほしい」と。

政治家というのは、国民一人ひとりの言葉に耳を傾け、社会をよりよいものにしたいと心から思うからこそ続けられる仕事です。ときには辛いこともあります。しかし、その辛く苦しい現実を克服できるのは、個人の力でしかないのです。

繰り返しますが、今の仕事が向いていないと悩んでいる人は、まずは目の前の仕事に集中するべきです。その結果、やはり違うと思うのであれば、仕事を変えればいいのです。次のステップに進めばいいのです。そのチャンスを見逃さないということも大切です。

これからの時代は転職も普通のことになってくるでしょう。終身雇用の制度を保つことも難しくなると思います。そうであるからこそ、一段一段、自分の成長を促すような日々の生活が重要です。おそらく乗り越えられなかった壁は心の中に一生残ってしまいます。その人にとって乗り越えられない壁は本来ありません。

個人の話をしましたが、企業もこれからは変わってくるでしょう。今までのピラミッド構造からアメーバ式に企業内起業によって、さまざまな形態の企業が生まれてくるでしょう。今行っている仕事も変わってきます。それに柔軟に対応できる能力もこれからは必要です。

今の仕事に集中して取り組んで欲しいという話をしましたが、同時に柔軟性を養うことも必要です。先ほどの話も、ただ闇雲に取り組めばいいということではありません。自らの五感に働きかけ、常に考えながら働くということです。そうしなければ、次の時代の企業では生き残れないかもしれません。

ブランディング会社のインターブランドジャパンが二〇一九年二月に公表した日本企業のブランド価値ランキングで、トヨタ自動車が十一年連続で一位を獲得しました。

トヨタ自動車は、創業当初は自動織機を作る会社（豊田自動織機製作所）でした。一九三三年の自動車部の開設に伴い自動車開発の歴史が始まったといわれていますが、現在のトヨタ自動車が掲げるビジョンは、「Mobility for All」すなわち「すべての人に移動の自由と楽しさを」です。つまり「自動車を作る会社」から、「世界中のすべての人に移動の自由と楽しさを提供する会社」に変わろうとしているのです。

豊田章男社長は、百年に一度の大変革の時代、未来に向けて、トヨタ自動車は「移動」に関わるあらゆるサービスを提供していく「モビリティカンパニー」に生まれ変わるとトップメッセージで謳っています。

自動車というものに対する考え方が変わるにつれ、今までのような一家に一台という常識も当てはまらなくなる時代です。もちろん自動車メーカーに限ったことではありません。そうした世の中の変化をいち早くつかみ、会社としての方向性を変えていく。これこそが次の時代に生き残る術なのです。

それは個人にも当てはまります。今までの延長線上に将来の社会は存在していません。考えられなかったような時代が常に訪れると考えていいでしょう。そのときに焦って遅れを取り戻そうとしても、追いつくことはもう難しいと思います。今から常に考えることが必要です。だからこそ、今働いている中で、自分の置かれた状況を考え、今後のために学び続けるという姿勢がやはり求められているのです。

世の中の考え方は変わっていく——五十代の方へ

今、会社に勤めている五十代には、役職に就いて幹部として活躍をされている方も多いでしょう。その経験と実績は人生における財産です。

しかし、これからの時代は今までの延長線上にはありません。今後の寿命は百歳の時代です。つまり、大きな病気や不慮の事故に遭わないかぎり、六十五歳から三十五年間、生活することになります。そこで、先ほども述べましたが、これからの時代は今までと違うということを早い段階から理解する必要があります。

まず、若い人の考え方はどんどん変わっていきます。終身雇用はないものと考えている彼らに、会社へのロイヤリティ（忠誠心）はありません。いつでも辞めることを考えている世代です。一緒に働いて、「俺が育ててやっている」という感覚は、彼らには響かないかもしれません。

さらに、自分自身も五十代でまだ若いと思っていて、さらに六十代になってもバリバリ働いてやると思っていても、自らが学び続けて成長することがなければ、そもそも仕事があるかどうかもわかりません。

先日、ある人と話していて、今の時代は英語の翻訳はスマートフォンがあれば十分という話題になりました。パソコンの画面上の英文や紙に印刷された英文は、スマートフォンのカメラをかざせば、数秒でほとんど完璧な日本語訳を完成させます。さらに、今まで時間をかけて作っていた資料やデータの解析は、若い人が作り上げたシステムで処理するほうが早くなっています。

つまり、五十代で会社の幹部としてバリバリ働いていたとしても、その地位に安住してしまっていては、十年後には無用の人になってしまうかもしれません。さらにAIのほうが経営判断は得意なのではないかという話さえあります。AIが経営者で営業を人間がやったほうが、業績が良いのであれば、企業はそちらを選択していくでしょう。

こうした時代の変化を、年齢を重ねても敏感に察知する能力が求められます。そして、今以上に主体的に行動することが必要です。年を重ねる中で社会の仕組みや問題がわかってくることがあると思います。これに対してただ批判をするだけというのは、もったいないことだと思います。ただ批判するだけでは、次の時代に生き残れません。毎日学ぶ中で新たな発想や方法が生み出されていくのだと思います。

そのためには、新たな興味・関心を持つというのもいいと思います。スキルアップをするために大学院に進むこともいいと思います。多様な価値観を持つことができるような行動が必要です。そして、他者が自分とは違う価値観を持っていることを受け入れていくことも重要です。

今までのような価値観では測れないような感覚を持った人が増えています。自分のやりがいや生きがいをそのまま仕事にしている人もいます。ただ会社の一員だからといって特定の価値観を強要することは、受け入れられなくなっていると思います。

相手の立場に立って、若い人が何を考え、何を求めているのかを考える、そういった姿勢が上の世代にも求められていく時代となるでしょう。

選択してきた結果、今がある

あなたの現状は、あなたの選択の連続によって生み出されたものです。その選択が漠然としたものであろうと、意識的なものであろうと、自らが選択したから今があります。つまり、目の前の仕事に対して全力を尽くすというのは、自分の選択に対して全力を尽くすということでもあります。

私たちにとって、現代が古い時代と比べて素晴らしい点は、自ら職業の選択ができるということです。人類史上でこれほど自由な選択ができた時代はなかったのではないでしょうか。江戸時代には身分の区別があり、人々はそれぞれの身分に応じた職業を世襲するのが一般的でした。しかし、現代の私たちは自由な選択によって今を作り出すことができます。

現在は何を選んでもいいし、世界中のどこで生活をしてもいい。無意識の選択をしても、生活ができないということもありません。そのような今があるということ嚙みしめたいと思います。

自分自身の中で充実感や生きがいを見出せないとしたら、それは環境のせいではありません。それは今あなたがどのように現実を捉えているかであり、周りの問題ではないのです。

これまでは生活していくことに多くの人は精一杯であり、ただただ必死になって喰うために仕事をしていました。

しかし、それだけでは人生虚しいと思う時間的、精神的余裕が生まれてきました。今後は働くことが自分の幸福感を高めるような生き方を求める時代です。ＡＩ・ロボットのおかげで肉体や頭脳を切り売りするような労働から多くの人は解放される時代となりつつあります。やりたい仕事、自己実現を目指す仕事を自ら選べる時代になってきています。

これからは仕事を通じて幸福感を誰もが感じられる時代であり、それを高める働き方をすることが、人生における幸福感を得るための近道だと思います。

第五章

啓育としての社会保障

障害があっても能力を発揮できる社会へ

この社会には、さまざまな人々がいます。生まれながらに障害のある人もいます。病気やケガで障害を抱えた人、年を重ねていく中で目が悪くなったり、耳が聞こえなくなったりという障害を持つようになる人もいます。現在の日本の社会福祉政策は、障害者が支障なく生活を送れるよう、できる限りの援助を行っていくというのが基本的な考え方です。それは日本国憲法第二十五条の規定に則った形で行われています。その条文は以下の通りです。

第二十五条　すべて国民は、健康で文化的な最低限度の生活を営む権利を有する。
2　国は、すべての生活部面について、社会福祉、社会保障及び公衆衛生の向上及び増進に努めなければならない。

この条文通りに社会福祉政策を行っていくというのは、国として当然の責務であると考えています。そして、国民の生活環境の改善を進めていくことは重要な政策です。

図表5－1　北欧諸国の社会モデル

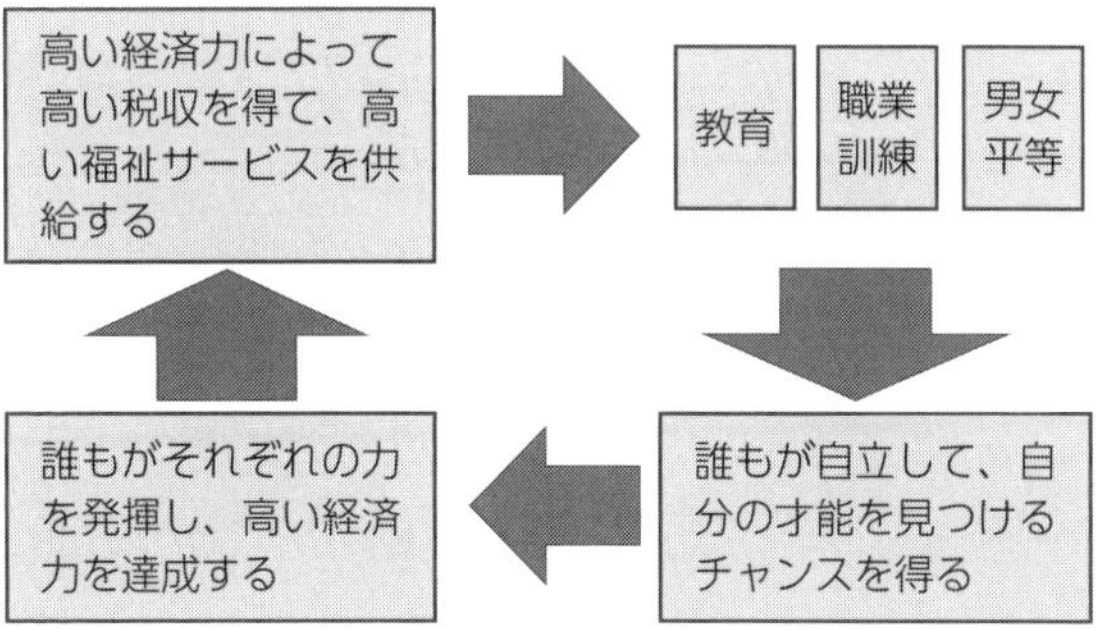

北欧諸国のモデル

自民党　日本 well-being 計画推進 PT　2019年2月14日　鈴木賢志教授の資料に基づく

しかし、北欧諸国の社会福祉政策を聞いたときに、日本とはまったく違う視点があることを知り、感動したことがあります。それは、「障害者、高齢者、子育てをしている母親が社会の中でその能力を活かすことができなかったら、それは社会の損失につながる」という考え方です。

以前、明治大学の鈴木賢志教授からうかがって、なるほどと感銘を受けた話があるので、それを紹介したいと思います。それは、北欧の社会福祉のモデルについてです。

北欧諸国では社会福祉は「自立」のため、という考え方が根づいています。つまり、社会福祉が不十分で、働けない人や活躍できない人をそのままにしていることは、社会にとってマイナスであると考えるのです。そのために、「自立」できるような制度設計を行い、学び直しや就業支援、高齢者福祉などを行っていきます。

つまり、日本のように生活援助を行うことはもちろんですが、そこから一歩進み、障害者であっても高齢者であっても、子育て中の母親であっても、持っている能力を引き出して社会で発揮してもらおうという考えが根底にはあるのです。

できる仕事があれば働いてもらう、できる仕事がないのであれば作っていくという考え方です。その意味で「自立を促す福祉が根づいている」ということが非常によくわかります。

そして、障害のある人でも本当に高い能力を発揮して、社会で活躍している実例を私自身も知っているからこそ、北欧諸国の制度のあり方に共感したのです。

それはあるダウン症の人の話です。現在、日本にはダウン症の障害がある人が八万人いるといわれています。私も以前、特別支援学校の高等部を訪問する機会があり、ダウン症の生徒の学校生活を見学させていただきました。そこで大変驚いたのですが、学校内に展示されている工芸品や美術品の作品の多くが、非常に優れたものだったのです。福祉的な観点からいえば障害者であるかもしれませんが、そこにあった作品の多くは生徒たちの優れた能力を示すのに十分なものでした。

実はダウン症の人は、ある点に関して、健常者とは違った高い能力があることがわかっています。一つは平和主義であるということです。争いを嫌うという崇高な精神があります。そしてもう一つは、時間を意識しないということです。

私もそうですが、一般的に人の集中力の限界というのは一時間か二時間です。しかし、ダウン症の人は一つのことを集中的に行うことができ、止めるまでずっと集中し続けることができるという能力があります。そのため、芸術分野でその能力を発揮する人が多く、優れた作品を生み出すことができるのです。

私の友人の子供にダウン症の人がいます。その人のことを紹介したいと思います。彼女は、その能力を最大限に活かしてデザイナーとして活躍をしています。親の理解があったというのも大きいですが、プロのデザイナーと組んで、装飾品や衣類のデザインを今でも行っています。ハンカチやスカーフにもそのデザインが取り入れられ、一般に販売もされています。ファッション誌で取り上げられたこともあります。

つまり、実際の例からもわかるように、それぞれが持っている能力には違いがあり、障害があるからといって社会で活躍できないということにはならないのです。しかし残念ながら現在の日本では、障害者の多くは軽作業などの単純労働しか用意されていないという現実があります。これは本当に残念なことです。

それぞれが本来持っている優れた能力を活かし合えば、もっと社会は明るくなります。親であれば、自分が亡きあとのわが子の心配をするのは当然です。その環境が用意されていないという現実は、改善していかなければいけません。そして、それを可能にするのが啓育の概念です。

一人ひとりの持っている能力は違います。画一均一の教育で測れるものではありません。それはたとえ障害があっても同じです。それぞれに社会で貢献できる能力があります。ですから、ただかわいそうということではなく、障害があっても彼らの能力を引き出していく環境が大切です。

そして、そのことによって彼らが社会で活躍でき、結果として社会全体にとって良い影響が生まれるように一人ひとりの意識も変えていかなければなりません。つまり、北欧流の「自立の福祉」を参考にして、日本にあった形の制度を作ることによって、一人ひとりが輝ける社会を実現していくということです。

啓育によって社会福祉の考え方を変える

今までの福祉政策は自助、共助、公助で考えたとき、公助の部分が大きかったと思います。国の政策として、誰しもが安心安全に暮らしていけるように政策を考えていくことは、今後ももちろん大切なことです。

既存の制度の多くは、近代工業化に向けて国家が成長していく上で、人を評価する物差しが一つしかなかった時代につくられたものです。個人として生産性が高く、企業にとって効率的な人材が評価されていました。その評価の対象にならない人たちは価値の少ない人と見做し、ある意味でお情け的な福祉政策を行ってきたということです。社会の中で強者と弱者を生み出し、その立場を分けてきました。

先ほども述べましたが、こうした考え方は次の時代には通用しません。多様性を受け入れていかなければ、社会それ自体が成り立たなくなっています。その前提に立てば、お情け的な福祉政策は無用であるし、むしろ個人の能力を最大限に引き出すための支援へと、方向性を変えていくことが大切です。

まず自助について考えていくことが大切です。これは、もちろん社会保障費を減らしていくことが財政上望ましいから、というわけではありません。本来の人の幸せというものに立ち返ったとき、人は社会の中でやりがいや生きがいを持つことが重要であり、なにもかも支援されて、家でただ生活しているだけでは幸せになれないと考えるからです。

人の幸福感を明確に定義することはできませんが、少なくとも社会との関わり合いがあったほうが幸福感は高いと思います。ですから、これからの社会福祉でまず考えるべきなのは、どういう支援や援助をすれば、その人が社会で活躍できるかということです。

日本の福祉は、障害者などの社会的弱者はかわいそうだから助けなければならないといったお情け的な要素があったと思います。

先述の通り、北欧の福祉政策は基本的に自立を目指します。弱肉強食の発想ではなく、障害のある人でも、お年寄りでも、ハンディキャップを持った人が、それぞれの立場で自立できるような社会的仕組みを福祉の中で考えていくことが、本当の人間的生き方につながると思います。

すべて横並びではなく、一人ひとりがそれぞれの可能性を引き出すような自立を目指した福祉のあり方が根本思想として求められます。すべての人が基本的人権を持っています。それを尊重する政策が必要です。

そして次に共助があると思います。これは地域社会や自治体単位の話になりますが、困っている人がいたら助ける、見て見ぬふりをしないで自分から関わっていく、そして周りとの支え合いを意識しながら行動するということです。そういったことを一人ひとりが意識するだけでも、社会はまったく違ったものになってきます。

啓育として社会福祉をどう捉えていくべきなのか。それは自らが主体的に動くということです。公助の問題として社会福祉を考えるのではなく、常に自分事としてすべての人が関わりを持つ意識が大切です。そういう時代が来れば、今までの日本の歴史にはなかった、本当の共生の時代になります。

真のノーマライゼーションを実現するために

およそ二十年前にベストセラーとなった、乙武洋匡《おとたけひろただ》さんの『五体不満足』（講談社、一九九八年）という本があります。この本を読んで乙武さんご本人の経験にも感動しましたが、乙武さんのお母さんの話が本当に素晴らしかったと思います。

乙武さんは先天性四肢切断という障害を持って生まれました。病院側はその子供の様子がショックであろうと、生まれてから一カ月間はお母さんに会わせなかったそうです。そして対面の日――。お母さんがショックを受けて卒倒してしまうかもしれないと、病院側は空きベッドも用意していたそうです。

「『その瞬間』は、意外な形で迎えられた。『かわいい』――母の口をついて出てきた言葉は、そこに居合わせた人々の予期に反するものだった」

これを読んだとき、私は乙武さんのお母さんは、なんて素晴らしい方だろうと思いました。乙武さんの本は、「障害は不便である。しかし、不幸ではない」というヘレン・ケラーの言葉で締めくくられています。同書に綴られている乙武さんの明るく前向きな考え方、生き方と相俟って、このヘレン・ケラーの言葉にも感銘を受けました。そして、それにもまして胸を打たれたのが、お母さんが初めての対面で口にされた「かわいい」という、わが子への溢れんばかりの愛情がこもった一言です。

誰しもがわが子には健康で生まれてきてほしいと願うものです。私も偉そうなことは言えません。わが子が障害を持って生まれてきたとわかったら、とても乙武さんのお母さんのような態度で臨めないだろうと思います。障害のある子供を持つ親御さんの苦悩というのは大変なものだと思います。

私は、肢体不自由児者父母の会や障害のある子供の集まりに出席することがあります。そのときに話す家族の明るい表情や元気な姿を見ると、毎回頭が下がる思いです。本当に言葉にできない苦労の中で、わが子に悲しい思いをさせないという強い思いを持って、大切に子供の成長を見守っている親御さんの姿に私自身も励まされています。そういった家族が多いということは、日本が誇るべきところです。前向きに明るく元気に生きている姿に感動を覚えます。私自身がそういう生き方ができているか自問自答しています。

しかし、福祉そのものの考え方を変えていくときではないでしょうか。家族だけにその負担を強いるのではなく、社会がその負担の一部を担うということはもちろん大切です。しかし同時に、やはり自立を促すような制度に変えていかなければいけません。

障害があるというだけで、社会で活躍する場を奪ってはいけません。それぞれが持っている能力を最大限に活かせるような社会に変えていかなければいけないのです。そして、それが結果的に社会にとってもプラスになるということを、社会の制度だけではなく、一人ひとりの意識に根づかせていくことが大切だと思います。

今までは一つの型にはめるような教育であり、そこから外れた人は相手にしないような政策だったとするならば、これからの時代はそういった人たちにも光を当て、それぞれが社会の中で一人ひとり輝けるような多様性が求められます。

障害があるということで社会は見捨てるようなことはしない。ノーマライゼーション（障害のある人もない人も、互いに支え合い、地域で生き生きと明るく豊かに暮らしていける社会を目指すこと）を実現していくことが必要です。そして、一人ひとりが生きがいややりがいを感じることができるような社会にしていくべきです。

すべての人にはそれぞれに能力が備わっており、他より優れている部分が必ずあります。その能力を引き出すような社会を創造するのがこれからの時代です。

年々増加する社会保障費について

日本の社会保障にかかる費用を見る上で重要なのが、政府予算に占める「社会保障関係費（社会保障費）」割合と「社会保障給付費」の増加です。日本の歳出総額一〇一兆四五七一億円（二〇一九年度予算）のうち、社会保障費は三四兆五九三億円で、歳出の三三・六％を占めています。社会保障費は三十年で二〇兆円増加をしています。さらに、社会保障給付費は、二〇一八年度は一二一・三兆円ですが、今後二〇二五年度は一四〇兆円、二〇四〇年度は一九〇兆円まで増加していくと予想されています。

なお、用語について簡単に説明しておきますと、社会保障関係費とは政府予算の一般歳出に占める社会保障の経費をいい、財源は税金です。これに対し、社会保障給付費とは社会保障制度によって実際に国民に給付された金銭・サービスの年間合計額のことで、財源は税金プラス社会保険料によって賄われています。

そもそも、日本の社会保障制度は「国民の安心や生活の安定を支えるセーフティネット」としての役割があり、その構成は社会保険（年金、介護、医療）、社会福祉（障害者支援、母子家庭支援）、公的扶助（生活保護）、保健医療・公衆衛生からなります。

今後も増加傾向にあるのは高齢化率の上昇に伴う、社会保険の支出が増加することが予測されているからです。二〇一八年度の社会保障給付費のうち、五六・七兆円が年金、医療費が三九・二兆円、そして介護が一〇・七兆円となっており、この三項目だけでも一〇六・六兆円と全体の九〇％近くを占めています。今後、こうした未来が予測される中で、どういった制度や仕組みが必要であるかを考えていきたいと思います。

まず、二〇一九年十月から消費税率が一〇％に上がります。二％の増加分に関しては、やはり社会保障費に充てることが必要です。もちろん幼児教育の無償化、高等教育の支援にも使われますが、やはり今後の社会保障費の伸びに対応していくということです。

しかし、これからのことを考えたとき、消費税の増税分だけで賄うのは難しくなってきます。年金の受給年齢の引き上げということも考えなくてはいけませんが、それが将来にわたる不安を拭うための最良の選択なのかということをもう一度考える必要があると思います。つまり、このままでは多くの方が予測をしている通り、日本の財政は悪化し続けるということです。この問題に対して考えていきたいと思います。

社会保障費の増加への対応

社会福祉政策の抜本的な考え方の改革について、提案があります。

社会福祉政策とはもちろん国民の安心で安全な生活を支えるセーフティネットとしての役割があります。しかし、現行の制度というのは戦後、高度経済成長の中で、将来このまま成長していくことを前提に作られた制度です。現在起こっているような人口減少や労働人口の減少、高齢化率の上昇を予見して作った制度ではないというのが実際のところです。

もちろん、この制度が立ち行かなくなることがないよう、制度設計を変えながら調整をしていく必要もあると考えています。しかし、こうした現状を受け入れるためには、ただ制度を変更するだけですべてが上手くいくということはありません。つまり、この問題に対しても政治を含めて一人ひとりの意識がどう変わっていくかです。

デンマークについては学校教育のところでも述べましたが、社会保障制度でも参考になる点があります。それが「コウハウジング」という仕組みで、共同住宅という意味です。これはデンマークだけではなく、カナダやスウェーデンにもあります。コウハウジングの仕組みは、一般的な住居環境が連なった形の共同の住宅施設のようなものです。デンマークでは子供が成人し自立したところに、自分たちが今まで住んでいた家を売って、その資金でコウハウジングを購入し、その後の余生を過ごすという考えがあります。

この共同住宅の良い点は、住宅を中心にコミュニティが存在し、隣接した病院で医療を受けることもできます。だいたい二〇〇~三〇〇世帯が一緒に住んでいます。これにより社会不安としての孤独がなくなり、お互いが助け合いながら生活をすることができるというメリットがあります。

日本の老人ホームが近いと思うかもしれませんが、もっと自由に生き方を選択できます。あくまで住居環境は独立をしているのでプライバシーも確保されています。補助をしてくれるスタッフもいますが、基本的には自立した生活を営むことが前提のようです。もちろん、家族が訪ねてくることもありますし、配偶者と死別して一人になってから購入するということもあるようです。

つまり、日本では介護や補助が前提となっている高齢者福祉ですが、まだ元気で一人で生活ができるし、一人で買い物にも行けるという人がたくさんいると思います。しかし、その一方でイギリスの事例を紹介しましたが、地域社会と関わりを持たず、孤独な生活を送っている人が増えてきていると思います。その結果、社会保障にかかる費用は増大しているという側面も実際にはあるのです。

こうした状況を考えたとき、孤独を感じながら生活している人がそこから抜け出すためには、外に出て楽しいと思える環境が必要です。その一つの参考としてコウハウジングのような仕組みは良いと思います。

また、これからは高齢者だからという理由で社会との関わりを諦めることがあってはならないと思います。年齢を重ねても生き生きと人生を過ごせるような活動の場を、社会が提供していく必要があります。そして、その活動は社会の役に立っていると意識できることが大切だと思います。

たとえば老人会のような集まり、地域センターでの催し物など、確かに手間がかかるかもしれませんが、こういった取り組みを続けていくことが、結果的には社会全体にとってプラスになります。町会や地域活動に携わっている人のほうが健康寿命が長いということが客観的に証明されています。

歳を重ねていくと、外に出ることも人と会うことも少し億劫になってくるということがあるかと思います。しかし、人生において幸せだと思えるのは、生き生き過ごせるからです。最後の五年間がずっとベッドの上では辛いと思います。一日少しでもいいので外に出ることが大切です。

社会における価値観の変化

社会福祉政策を考える上でもう一つ重要な変化があります。それは社会における価値観の変化です。つまり、社会で認められることと認められないことが、時代とともに変わってくるということです。実例を出して説明したいと思います。

一九六八年から放送が始まった『巨人の星』という国民的アニメがありました。主人公の星飛雄馬は、かつて巨人の選手だった父・一徹によって、幼少期から過酷な野球のトレーニングを強いられます。飛雄馬は成長とともにライバルたちと出会い、甲子園で戦い、さらに巨人入団後も大リーグボールを開発して激闘を繰り広げていくという、いわゆるスポ根アニメです。このアニメは絶大な人気を誇り、海外でもリメイクされました。私も大ファンでした。

見たことがある人はご存知かと思いますが、一徹の傍若無人ぶりはすさまじく、ちゃぶ台返しや暴力を振るうのは日常茶飯事です。さらに、小学生の飛雄馬に「大リーグボール養成ギプス」なるものを着せて、これでもかといわんばかりに鍛えあげます。その成果もあってか成長した飛雄馬は大活躍をしていくわけですが、少し落ち着いて考えてみると、現代でこれをやったらどうなるでしょうか。

現代の価値観に照らし合わせ、客観的に見れば、これは間違いなく児童虐待です。アニメの世界だからと割り切ることも可能ですが、国民的アニメとしてその内容が受け入れられていたことを考えると、価値観としてそういうことが許容されていた時代だったということです。愛情の一環としてとらえられていたということです。

同じことを今子供にした場合、間違いなく児童虐待として通報される案件です。暴力を振るったり、大声を上げたりすることは、現代では家庭内であっても許容されません。つまり、価値観というのは時代が進むにつれて変化するものであり、時代時代に合った形で新たな制度や仕組みが誕生していくのだと思います。今までは良いこととされていたが、ある事件をきっかけに許されないことになる、といったことは往々にしてあります。

こうした価値観の変化を冷静に見ることは、非常に大切だと思います。つまり、今まではこうだったからということではなく、今の時代に合っているものは何かを考えるということです。

これまでの時代に比べて、今は多様性が求められる時代です。これまでのような一つの物差しで人の優劣を測る仕組みや制度は、時代に合わなくなってきています。社会福祉政策においても多様性の中でどう対処するかが求められています。そのことを十分に理解しながら政策を創っていくことが求められているのだと思います。

子供の貧困と社会の仕組み

虐待の問題に触れたので、客観的事実をお伝えしたいと思います。

先にも紹介しましたが、厚生労働省の発表によると、平成二十九年度中に全国二一〇カ所の児童相談所が児童虐待相談として対応した件数は一三万三七七八件で、過去最多でした。

また、現在は全国の児童養護施設六〇三カ所（平成二十八年十月時点）に、二万七二八八名の子供たち（平成二十八年実績）が入所しています。児童養護施設は本来親が亡くなった子供のための施設でしたが、現在一番多いのは虐待やネグレクトによって、親から引き離さなければならなくなった子供です。

年々増加する虐待や子育て放棄の現実は、早急に対策を講じなければ、子供の生命にかかわる非常に重要な課題です。国としてもこの問題に全力で取り組む必要があります。前述しましたが、子供を虐待する親の多くは、子供の頃に親から同様の虐待を受けたことがあります。つまり、年々増加する負の連鎖を断ち切らないかぎり、虐待は増える一方です。そのために、地域でそういった子供を見つけたり、気がかりなことがあれば、自治体に早急に連絡をしていただきたいと思います。

また、最近では「子どもの貧困率」も高くなってきています。二〇一五年時点の子どもの貧困率は一三・九％で、七人に一人が貧困状態にあります。子どもの貧困率とは、「相対的貧困」の状態にある十八歳未満の子供の割合を指し、相対的貧困とは、国民を可処分所得の順に並べ、その真ん中の人の半分以下しか所得がない状態のことです。

ひとり親家庭の貧困問題はさらに深刻で、子どもの貧困率は五〇・八％にもなります。じつに二人に一人が貧困状態にあるのです。ひとり親の多くは女性ですが、その生活は非常に厳しい状況にあります。板橋区のある小学校の校長先生と話しているときに、「個人情報もあるので全体の数字はわからないが、感覚的には全生徒の四割はひとり親家庭ではないか」と言っていました。

また先日、子供食堂（地域の子供たちに無料もしくは安価に食事を提供している民間の取り組み）を見学した際に、ある子供と話すと、「いつもはお母さんがコンビニで買ってきたおにぎりを温めて食べているので、今日はおいしいご飯とおかずが食べられて嬉しい」と言っていました。子供食堂は分け隔てなく誰でも参加することができますが、このような施設が必要とされているということは、食生活も不安定な家庭環境で過ごしている子供が数多くいるということです。

子供の貧困の問題は国が先頭に立って方策を講じていく必要があります。以下の四点を政策として進めていきたいと考えています。

①男女差別のない働き方によって世帯収入を底上げする。
②非正規雇用であっても正規雇用と同水準の収入が得られるよう職場改善を促す。
③養育費について父親にも厳格な責任を取らせる。
④第一義的には親が子供の養育をする義務を負うが、社会にとっても宝であるという認識で、社会全体で子供を育てていく。

第六章

啓育としての経済政策

働き方改革が目指すもの

二〇一八年六月二十九日、働き方改革関連法が成立し、二〇一九年四月一日から順次施行され始めました。働き方改革の主要な課題としては、長時間労働の是正、正社員と非正規社員の格差是正、労働人口不足の解消などがありましたが、中でも注目されたのが長時間労働の問題です。実際、時間外労働の罰則付き上限規制が導入されたことに対しては、懐疑的な意見がいろいろ挙がっています。

たとえば、時間外労働に上限が設けられると、残業手当が減り生活が苦しくなるのではないか、あるいは記録に残らないサービス残業を強いられるのではないかといった危惧から、上限を超える時間外労働にペナルティを科すことは、日本人が美徳としてきた勤勉さを否定するものであり、怠け者が増えるだけではないかといったきわめて精神論的な批判まで、その内容はさまざまです。

しかし、長時間労働を規制することが果たして、勤勉さを否定することになるのでしょうか。ここではまず、この問題を考えてみましょう。

たしかに戦後の復興期から高度経済成長期には、長時間労働を厭わない勤勉な人たちが日本を支えていたといっても過言ではないでしょう。彼らは〝モーレツ社員〟と呼ばれ、その働きぶりが時に揶揄されることはあっても、決して否定すべきものではなかったと思います。彼らの我武者羅な働きによって、日本は経済大国に上り詰めたのです。

しかし時代は変わりました。そのことを明確に示したのが、二〇一六年九月二日、「働き方改革実現推進室」の開所式における安倍晋三総理の発言です。

「〝モーレツ社員〟という考え方自体が否定される日本にしていきたい」

安倍総理はそう明言されたのです。

日本が経済的な成長を続ける過程で、働くことの意味が確実に変化してきたということです。そして、その変化はこれからも続くに違いありません。第四次産業革命の進行とともに、今後はＡＩやロボットが私たちの仕事の多くを代替するようになります。今まで、一生懸命に人が行っていた仕事は、いとも簡単にＡＩやロボットがやってのけるようになるでしょう。

今までと同じような働き方は難しくなるに違いありません。そのときに、今までと同じ長時間労働を美徳と考える価値観を持ち続けることが、その人の幸福につながるのでしょうか。

次のステージに進む前の今こそ、新しい労働観、人生観を持つことが大切なのだと思います。今では長い時間働くこと、寝る間を惜しんで仕事をすることをよしとする考え方自体が、過去のものとなりつつあるのです。

労働時間の短縮を肯定的に捉えるか、否定的に捉えるかという議論にあまり意味はないと思います。重要なのは、いかにして労働時間を短縮しながら、より効率的に働くかということです。ただ単に働く時間を短くすることを目標にしてしまっては、それはもはや働き方改革とはいえません。

働き方改革とは、労働時間を短縮すると同時に、生産性を向上させることに他なりません。今後はそもそも働く時間が少なくなり、働く人も少なくなります。こうした時代の変化を念頭に置くと、今までと同じ働き方を続けるのではなく、次の時代に合った働き方への転換が求められていることがわかります。そして、生産性の高い働き方を追求することこそが、真の働き方改革なのです。

主要先進七カ国中最低の労働生産性

日本では暗記・記憶を中心とした教育がなされています。中学受験や高校受験に備えて

図表6-1　OECD加盟国の労働生産性（2017年・就業者1人当たり／36カ国比較）

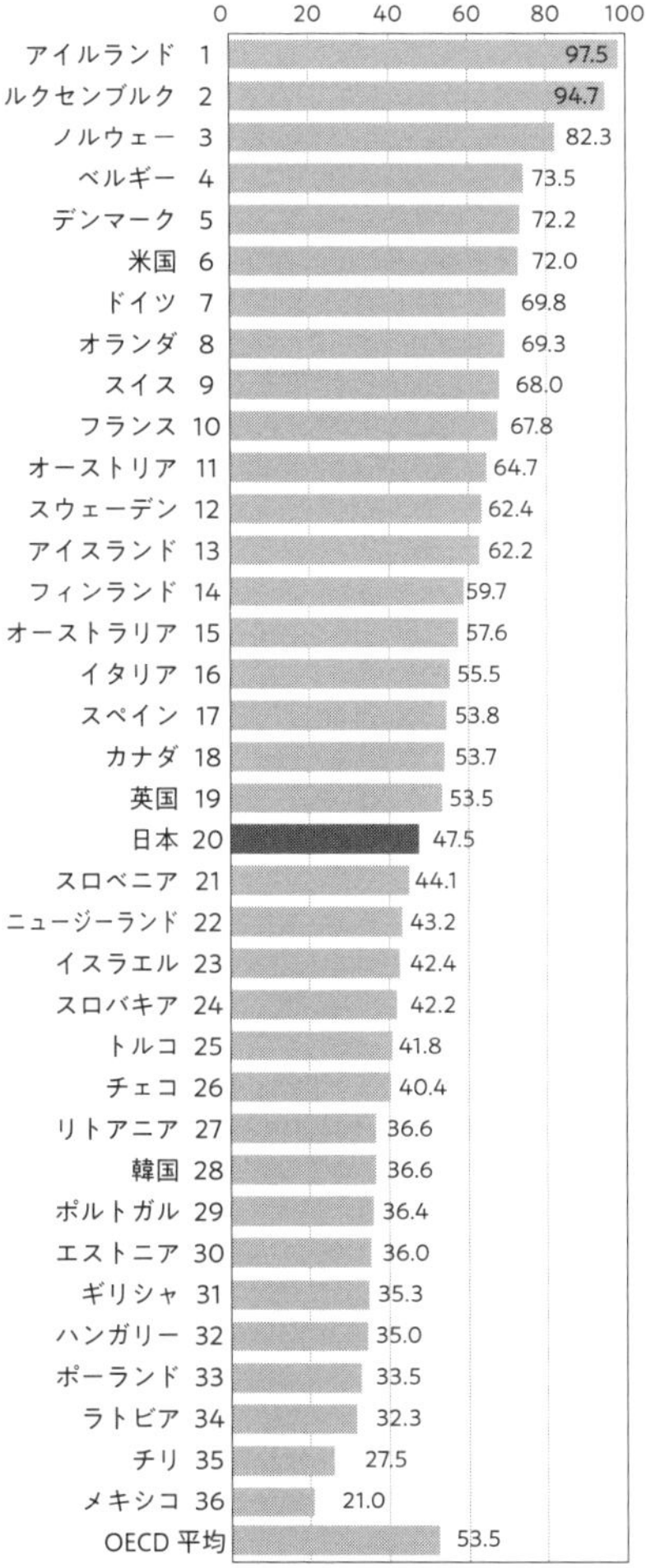

図表6-2　OECD加盟国の時間当たり労働生産性（2017年／36カ国比較）

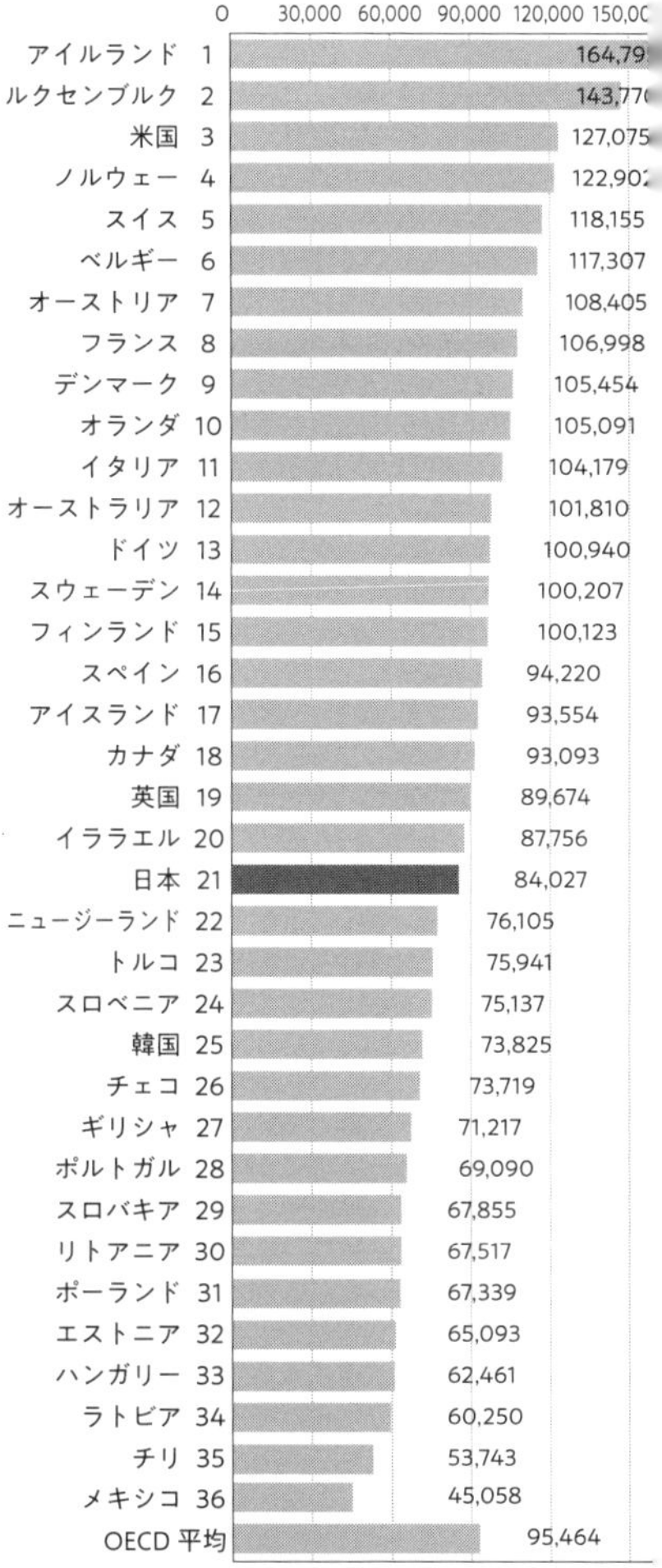

出所：日本生産性本部「労働生産性の国際比較」（2018年版）　単位：購買力平均換算USド

朝から晩まで学習をして、さらに夏休みや冬休みなどは塾の講習に出てまた勉強をするということが行われています。

ベネッセ教育総合研究所が二〇一七年に公表した統計調査によると、小学生四九・一％、中学生五七・〇％、高校生三六・三％が学習塾に通っていることがわかりました。これだけ見ても、多くの生徒が学校以外でも学習を行っていることがわかります。

しかし、先にも紹介したように、労働生産性を比較したときに（二〇一七年／OECD加盟国三六カ国比較）、就業者一人当たりの労働生産性は八万四〇二七米ドルで三六カ国中二一位、主要先進七カ国（フランス、アメリカ、イギリス、ドイツ、日本、イタリア、カナダ）では最下位となっています。また就業一時間当たりの労働生産性は四七・五米ドルで、三六カ国中二〇位となっています。

（この生産性の求め方は、一人当たりの労働生産性＝各国名目GDP÷就業者数、一時間当たりの労働生産性＝各国名目GDP÷［就業者数×平均時間］であるため、さまざまな要因が関わってきますが、国際比較の指標として適応されているため、一つの基準として考えていただきたいと思います）

つまり、就業者一人当たりの労働生産性も就業一時間当たりの労働生産性も、国際比較で日本は決して高くないことがわかります。

小さいときから一生懸命勉強をして、偏差値の高い高校や偏差値の高い大学に入ったのに、社会に出て働くときには生産性が低い。これは一体どういうことでしょうか。他の国の学生が日本の学生よりも勉強する時間が長いからでしょうか。それは違います。日本のように朝から晩まで、子供たちがほとんどの時間を勉強に費やすという国は稀です。

ではこの原因はどこにあるのでしょうか。原因の一つは、現状の学校教育にあります。本書で述べてきたような日本の詰め込み教育、暗記・記憶を測る教育では、社会に出たとき、ほとんど役に立たないということです。つまり、学校教育がその後の人生における、仕事や働くことと結びついていないのです。

もう一つは、日本企業における集団システムがすでに時代遅れで、かえって効率を悪くしているということです。たとえば、日本企業の決裁は非常に多くのプロセスを要します。一つの事案に対して、係長、課長、部長、部門長、副社長、社長など多くの役職の承認を得なければいけないという企業の仕組みがあります。しかし、こうしたシステムは、いろいろな変化にスピード感を持って対応しなければならない時代に合っているとはいえません。

今までのようなピラミッド型の経営や上意下達方式ではなく、これまでとは違った形で、誰もが責任を持ちながら、新たな発想を活かせるような仕組みが必要になってきます。

これからの時代、ＧＤＰの成長率を一つの指標としたときに、労働生産性を上げていくことが日本にとっては重要課題となります。つまり、一人ひとりの働き方を変えることによってＧＤＰの拡大を目指すのです。

そのとき、個人の能力を引き出す啓育という視点が必要となってくると、私は考えています。

啓育的な発想で生産性を上げる

今までと同じように働いていて、ただ単に働く時間を短くするだけでは個人の生産性が上がることはありません。では労働生産性を上げるには、どうすればいいのでしょうか。私は「啓育的な働き方」を一人ひとりができるかどうかが、ポイントだと思っています。啓育的な働き方とは、主体性・自立性を持ちながら、クリエイティブに仕事をすることです。それは意欲ややる気を持ち続け、個人の幸福感にもつながる働き方ができるかということでもあります。

実際、啓育的な取り組みによって成果を上げている企業もあります。働き方改革を進めて労働時間を短縮しながら、同時に企業の業績を向上させ、社員の給与も上昇したという実例はたくさんあります。なぜこうしたことが可能なのかというと、啓育によって個人の意識が変われば、企業自体も変わっていくからです。それによって生産性が上がるのは、必然的といえるでしょう。

まず、企業が啓育的な取り組みをする上で必要なことは、働く人が安心して仕事ができる環境を整えることです。今までは企業の福利厚生という言葉で、働く環境について語られることが一般的でしたが、現在はそこからさらに進んだ考え方が必要です。

家賃補助がある、家族手当があるということは目に見える価値としてもちろん重要ですが、それ以上に人が生活していく中で幸福感を感じることができるような環境を提供できるかということです。

たとえば、残業時間を減らして有給休暇取得率を上げることが、なぜ従業員の幸せにつながるのでしょうか。このことをきちんと説明できず、「国が法律で決めたから」というだけでは、残業手当が削られると不満を抱いている人にとって、働き方改革は迷惑千万な干渉でしかありません。

しかし、働き方改革によって働く人たちの心身にゆとりが生まれ、家族との時間を増やし、趣味を楽しみ、あるいは自己研鑽に励み、幸福を感じながら仕事ができるなら、そして結果として生産性が向上するのなら、企業としてもこれからは真剣に取り組もうというインセンティブが生まれるでしょう。

子供を産みたいけれども、あまりに仕事が忙しすぎて育児に自信がない。これから親の介護をする必要があるけれど、今までの働き方ではどのようにすればいいのかわからない。そのような悩みを抱えている方も多いことでしょう。

実際、日本の育休取得率は他の国に比べて低くなっています。とくに男性の育休取得率は非常に低く、平成二十九年実績で、女性の八三・二％に対して、男性は五・一％にすぎません。

子供が生まれた後のお母さんの不安というのは非常に大きく、その生まれた直後の期間にどれだけ父親がサポートできるかによってその後の出生率も大きく変わってくるそうです。ですから、こうした状況を改善するために、男性の育児休暇の取得がしやすい環境整備、社会全体の理解づくりということも非常に重要なテーマとなってきます。

また、現在日本では老々介護が問題になっています。介護離職者は現在でも毎年一〇万人以上いるといわれていますが、このままでは今後、その数がさらに多くなるのではないでしょうか。

厚生労働省が発表した特別養護老人ホームの待機者数は二〇一六年の段階で三六万人を

超えています。つまり、要介護者数が多いということは、それだけ今後も老々介護の割合が増えていく可能性があるということです。

こうした問題からもわかるように、今後は企業側も従業員の家庭環境や状況によって、柔軟な対応が必要です。長い時間働くことが評価基準ではなく、短い時間でも多くの成果を出す人を評価する。そして多様な働き方を認めるということが求められています。そうしなければ優秀な人材が集まりにくくなっています。

新たなビジネスチャンスを求め、企業に属しながら副業を持つ人も増えています。しかし、これを企業側が認めなければ、そもそも優秀な人材はその企業から離れ、転職することになるでしょう。

また、家族との時間を大切にしたい、親の介護をしてあげたいなど、働く側の意識も以前と比べて変わってきています。ただ、勤勉に黙々と働くことで家族を支える大黒柱がいるのではなく、性別や年齢の垣根を越えて誰しもが幸福感を感じながら、自分のスタイルに合った働き方をする時代になってきています。

そのときに今まで通りの企業経営では、優秀な人材を集めることはますます難しくなると思います。

だからこそ、企業側も多様性を認めるような、ある意味で既存の制度に捉われない啓育的な発想が必要です。

幸福感の高い人は創造性も生産性も高い

実際の取り組みとして、クライアント企業の働き方改革を成功させ、働く人たちのワーク・ライフ・バランスを実現しているコンサルティング会社があります。その名もずばり、株式会社ワーク・ライフバランス。九〇〇以上の企業のコンサルティングを行い、多くが業務の効率化、業績の向上に成功しているそうです。

同社がコンサルティングを行った対象に、岩手県の空調設備業者・信幸プロテック株式会社があります。この会社は株式会社ワーク・ライフバランスのコンサルティングによって企業内の問題点を洗い出し、スキルマップの作成やサービスマンの同行、スキルアップ勉強会の実施など、数々の業務改善と制度設計を行い、時間外業務の大幅削減に成功する一方、売上高の前年比一二四％を達成しました。有給取得率も二・三倍に増加。そのことが評価をされ、「岩手県働き方改革アワード２０１８　業務改善部門」で表彰されました。

つまり、残業を削減しても、有給取得が増えても、業務の効率化や社員のスキルアップなどによって生産性が向上するなら、売上げを伸ばすことが可能なのです。こうした実例は他にもたくさんあり、企業の経営戦略としても今後、注目されていくと思います。

啓育的な取り組みを進め、個人の生産性を上げる上でもう一つ重要なことは、個人の意識改革です。詳しくは後述しますが、私は自民党の中で、「日本 Well-being 計画推進プロジェクトチーム」という会議を立ち上げました。その会議に慶応義塾大学大学院の前野隆司教授をお招きしてお話をうかがったことがあります。

前野教授は、「どうしたら人は幸せになれるのか」を研究し、幸福学という学問分野を切り拓かれた方です。前野教授は人が幸せだと感じるのに大きく寄与している心的要因として、「やってみよう！」因子（自己実現と成長の因子）、「ありがとう！」因子（つながりと感謝の因子）、「なんとかなる！」因子（前向きと楽観の因子）、「あなたらしく！」因子（独立とマイペースの因子）の四つを導き出されました。そして、人が幸せになるには、四つの因子をできるだけ万遍なく高めていく必要があるとのことでした。

前野教授によれば、人の幸せが働き方に大きな影響を及ぼすこともわかってきたそうです。アメリカ・イリノイ大学名誉教授のエド・ディーナー博士らの研究では、幸福感の高い社員は、そうでない人と比べて、「生産性は三一％、売上げは三七％、創造性は三倍高い」という研究結果が出たというのです（『ハーバード・ビジネス・レビュー』二〇一二年五月号「幸福の戦略」ダイヤモンド社、六二〜六三頁）。

つまり、個人の幸福感と生産性には正の相関関係があるということです。ここでいう幸福感とは金銭的なものではなく、目に見えない価値といえるものです。目に見えない価値に気づき、充足感を得ることができれば、幸せな生活を送ることができます。そして、それが結果的には個人の生産性の向上にもつながります。

個人の意識改革としてもう一つ重要な点は、日本の文化的価値観を見直すことです。日本では「おもてなし」といった言葉で表されるような、誠心誠意のサービス精神が尊重され、またそれをある意味で従業員にも強いる文化がありました。もちろん、こうした文化は世界でも認知されて、日本の良い部分であると解釈することもできます。

しかし、それが過剰なものとなり、強制的な行為となっている部分があるのではないでしょうか。たとえば、「おもてなし」に関して、海外から来た人は、日本人は無料で良いサービスを提供してくれると喜んでくれます。しかし、無料である以上、そこに生産性という概念は当てはまりません。

つまり、生産性という言葉では表せない価値が日本では根づいているということです。これはこれで文化的価値として大切にしていくべきです。しかし一方で、そのサービスが一律で、義務的なものとなり、結果として半ば強制されたものになっているのではないでしょうか。本来、「おもてなし」とは、真心から生まれてくるものであり、義務的なものではないはずです。

ですから、過剰なサービスを「おもてなし」と称して一律に提供するのではなく、お客様に合わせてサービスや振る舞いを最適化していくことが大切です。このことが実は生産性の向上にもつながるのです。

旅館で通り一遍の対応ではない、自分にふさわしい真心のこもったおもてなしに感動すれば、また宿泊したいと思うのが人の情です。つまり、そのクリエイティブな行動が生産性を向上させることにつながります。

生産性を向上させる働き方改革とは、企業も個人も創意工夫をしながら自発的に考え、主体的に行動するという意識改革があってこそ実現するものです。ただ単に労働時間を短くしたからといって成功するものではありません。

とくに個人の意識を変えることで、生産性の向上はいくらでも可能です。序章では、今後人が磨くべき能力として、クリエイティビティ、マネジメントスキル、ホスピタリティの三つを挙げました。これらの能力は、一人ひとりの考え方や学び方によって伸ばしていくことがいくらでもできます。そして、この三つの能力を伸ばすことができれば、間違いなく働き方も変わってきます。

意識改革なくして働き方改革なし

意識改革ができず、従来通りの経営をしている企業は、今後存続することが難しくなってくるでしょう。というのも今までの時代であれば、ある程度上司の命令や指示に従うだけでも企業の利益になるような働き方をすることができました。

つまり、一〇〇軒回って一件でもいいから契約を取ってこいというスタイルです。競争原理で社員の意欲ややる気を引き出すような経営といえるでしょう。しかし、これからの時代に同じことが通用するかというと、私はそうはいかないと思っています。

たとえば不動産の契約を考えてみてください。新しい家を欲しいと思う人が一定程度いた時代であれば、数をこなしていけば、もしかしたら一件や二件の契約は取ることができたかもしれません。しかし、現在は家に関していえば飽和状態です。国土交通省が発表している空き家数は全国で八四〇万戸にも上ります。

さらに、若者のマイホーム離れという話を最近、よく耳にするようになりました。昔はマイホームを持つことが一つの憧れだった時代もありますが、今の若者はマイホームを持つことよりも、自由で縛られない生活を望んでいるように思えます。

おそらくこうした状況は今後も加速していくと思います。現在は企業がまだオフィスで働く従業員を多く抱えているため、毎日同じ場所に帰り、同じ場所から通勤することが効率的で精神的にも体力的にも負担が少ないと考えていいと思いますが、すでに広がっている在宅業務やフリーランスという働き方がさらに進めば、会社に通勤する必要がなくなり、わざわざ定住するよりも、いろんな地域に住んでみたいと思うのが普通ではないでしょうか。

さらにローンの問題もあります。ローンを組むという選択にも、今の若者はあまり積極的ではありません。その根底には、ローンを組むことによる拘束が生活を窮屈にするという意識が広がっているように思えます。

いずれにせよ、こうした状況を考えただけでも、従来通りの仕事の仕方では通用しなくなるということがわかっていただけると思います。ただ闇雲に数をこなすことは生産性の高い働き方とはいえません。二、三軒回って一件の契約を取るためにはどうしたらいいのか、今までとは違う時代に新たに家を買う人はどういう人なのか、こうしたことを常に考えることによって、生産性の高い働き方ができてくるはずです。

企業側は従業員の働き方を拘束しないことが必要です。最初に任せた仕事をしているのであれば、それ以上、時間的な拘束をする必要が果たしてあるのか。毎日ではない通勤の仕方で成果を上げる方法など、能力に応じた働き方を提供する必要があります。

企業内起業も積極的に進めていくべきです。次の時代に何が流行り、何が売れるのかは誰にもわからないことです。ですから、企業の業態に拘らず、時代の変化に応じた展開というものを常に考えていく必要があります。

これからの時代、生産性を上げるために必要な啓育的な視点を一つ挙げるなら、まずは個人がやりたいと思える仕事をすることです。やりたいと思える仕事であれば、必ず効率性や負担軽減を考えながら最良の働き方をしていくはずです。

そして、国も企業も社会も働き方に対して柔軟な考え方を持つことです。今まではこうだったとか、従来はこうだったとか、そういったことは次の時代には通用しなくなります。働く側も上司から言われたから、指示があったからという働き方を変えていく必要があります。自ら考えることをしなければ、次の時代に通用する能力を身につけることは難しいと思います。つまり、自分はどう思うのか、自分だったらどう行動するのか、主体的に考えるということです。

日本の教育は「教え・育てる」ことに特化したものだったため、社会人になったときの労働生産性が、諸外国と比較して低いというのが私の考えです。長い時間、教育を受け続けたため、啓育的な行動に転じるのには時間がかかるかもしれません。しかし、ある意味で日本にはまだ伸びしろがあるということだと思います。

一人ひとりが主体的に考え、社会の中で自分がどう役に立つのか、何がしたいのかを考えていくことができれば、労働生産性も飛躍的に伸びていくのではないでしょうか。

個人消費をどのように上げるのか

内閣府が公表している二〇一九年一―三月期の名目GDPは五五四兆円です。GDPとは民間最終消費支出（個人消費）、政府最終支出（政府による消費財への支払いや公務員サービス〈給料〉）、総資本形成（公共事業、民間の住宅投資、企業の設備投資など）、純輸出の総和です。速報値の日本のGDPの内訳は、個人消費五五・二％、政府最終消費支出一九・七％、総資本形成二四・五％、純輸出〇・五％となっています。

安倍政権では経済政策である「アベノミクス」を掲げ、三本の矢「大胆な金融政策」「機動的な財政政策」「民間投資を喚起する成長戦略」を実行し、後に新戦略として「希望を生み出す強い経済」「夢を紡ぐ子育て支援」「安心につながる社会保障」を経済政策の柱としてきました。

図表6-3　GDPの内訳

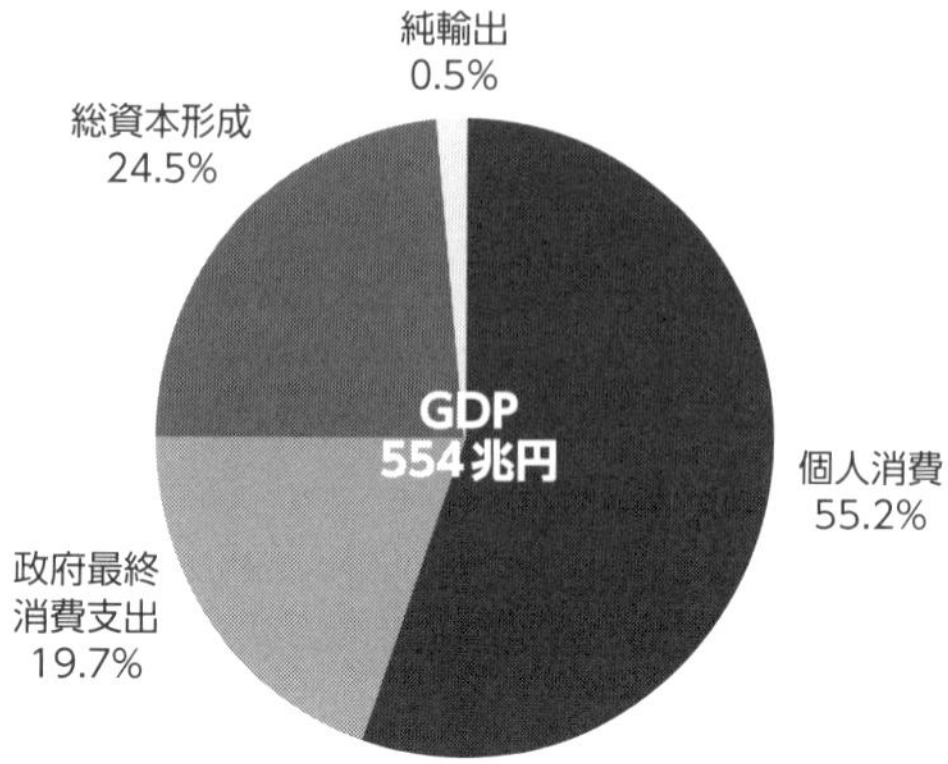

データ：内閣府公表 GDP 実績「2019年1—3月期」より筆者作成

アベノミクスの経済政策の評価については、日本の現在の景気状況を考えたとき、効果があったと思っています。図表6—3のGDPの内訳からわかるように、個人消費の拡大、公共事業への投資、民間投資の促進こそがGDP拡大の要素としては重要であり、一つ一つは有効な政策だったといえます。

しかし、日本の経済成長率は一九九〇年以降ほぼ横ばいです。毎年の成長率が一％前後で推移しているため、客観的な数字として経済が上向いていると感じる人が少なく、「失われた三十年」という見方もされています。高度経済成長期のような年平均一〇％以上（一九五五〜七三年）の経済成長率とはほど遠い数字なので、そう感じるのは当然かもしれません。

では、なぜそう感じてしまうのか。それは個人消費があまり伸びていないからだと思います。資本主義経済を発展させ、経済規模を大きくしていくためには、消費と生産を繰り返し行っていく必要があります。つまり、買う人がいなければ経済は成長していきません。アベノミクスの評価で最も多かった意見は、「個人の実感としては景気がよくなったように感じない」「消費が増えているようには思えない」という指摘でした。この点に関しては私自身も感じているところです。

したがって、今後の方向性として、どのように個人消費を伸ばしていくのかが一つの焦点になると思います。では個人消費はどうすれば伸びるのでしょうか。

その方法は二つあります。

まずは、欲しいものがあるかどうかです。高度経済成長期の経済発展を支えたのは、消費者の消費意欲でした。当時、三種の神器「白黒テレビ」「冷蔵庫」「洗濯機」というのは誰もが憧れるものでした。さらに自動車やマイホームも憧れであり、それを所有するために一生懸命働くというのが普通の時代でした。

しかし、今の時代に果たして誰しもが欲しいと考え、憧れるような商品はあるでしょうか。スマートフォンが登場したときはそういう憧れもあったかもしれませんが、現在では持っていることが当然であり、経済効果としては限定的だったといえます。つまり、現在はみんなが憧れるような商品を生み出すことは困難です。

では、個人消費は伸びないかというと、それも違います。これだけ多様性が広がっている時代ですので、一人ひとりにあった商品をどれだけ効率的に生み出すことができるかを考えていけば、まだまだ個人消費も伸びていく可能性があります。

つまり、大量生産された商品を多くの人が大量消費するのではなく、一人ひとりが欲しい商品を選ぶ多様な消費の時代になったのです。その変化に対応できるかどうかが重要だと思います。

もう一つは、そもそもの消費に回せるお金をどれだけ生み出すことができるかです。つまり、消費したくても消費できるだけのお金がなければ、個人消費は伸びることがありません。これをどのように増やしていくかが、今後の経済政策では重要です。そこで私が考えているのは、最低賃金の引き上げです。

まず、見ていただきたいのが各国の最低賃金の一覧表です。日本は世界の中でも最低賃金が低いほうです。厚生労働省が発表した「平成30年度地域別最低賃金改定状況」によると、全国平均が八七四円で、一番高いのが東京の九八五円、一番安いのは鹿児島県の七六一円です。

私は少なくとも、東京の最低賃金に全国が合わせていくことが必要だと思っています。

一時間当たり二二四円の開きがあるというのは、個人の労働生産性とはまったく関係がありません。

同じ日本国内で同じ業務をこなしても地域によって所得差が生まれるということでは、地方の消費が活発になるとは考えにくいと思います。ですから、まずは個人消費を伸ばすために、最低賃金は全国一律にするべきだと考えています。

これは個人消費を伸ばすということだけではありません。日本の少子高齢化が進む中で、

図表6-4　各国の最低賃金（2017年）

国名	最低賃金（購買力平価、米ドル）
サンマリノ	13.68
オーストラリア	11.60
ルクセンブルク	11.55
フランス	11.03
ドイツ	10.56
ベルギー	10.15
オランダ	9.78
ニュージーランド	9.76
イギリス	9.38
台湾	8.75
アメリカ	8.50
オマーン	8.34
カナダ	8.18
サウジアラビア	7.62
韓国	7.36
スロベニア	6.92
マルタ	6.59
日本	6.50
スペイン	6.30
イスラエル	6.09
ポーランド	5.99
ギリシャ	5.64
香港	5.41

出所：デービッド・アトキンソン著『日本人の勝算』（東洋経済新報社、2018年）

一人・一時間当たりの社会保障費負担は、二〇一八年は八一七円、二〇四〇年は一六四二円、二〇六〇年は二一五〇円となり、今の最低賃金では対応できない時代になるということも予測されています（デービッド・アトキンソン著『日本人の勝算』東洋経済新報社、二〇一九年より）。

つまり、個人消費を伸ばしていくことと、社会保障費負担を賄うための財源としても最低賃金の底上げが重要となってきます。

個人消費の拡大は国の政策として取り組む必要があります。少子高齢化が進む日本は今後人口減少が予測されます。そのときに現状と同じ五五〇兆円近いＧＤＰを保つこと、そして六〇〇兆円まで規模を拡大していくためには、個人消費を伸ばすことが最低条件になります。

教育投資がもたらす経済効果

教育投資がその後社会にもたらす経済効果は大きなものがあります。私も前著『教育投資が日本を変える』（ＰＨＰ研究所、二〇一六年）の中でそのことに言及しました。

たとえば、大卒者・院卒者一人当たりの費用便益分析（ある公共事業によってもたらされる便益を金銭に換算し、事業に要する費用の総計と発生する便益の総計を比較すること。総便益額を総経費で割った数値が一以上であれば、その事業は妥当であると評価される）を見ると、「国立、公立及び私立大学への公的教育投資額」約二五四万円の費用に対し、「税収増加額＋失業による逸失税収抑制額」「失業給付抑制額」「犯罪費用抑制額」を合わせた便益は約六〇八万円になります（平成二十四年時点での試算。国立教育政策研究所「教育の社会的効果に関する研究」より）。この試算によれば、高等教育への投資の費用対効果は、じつに二・四倍にもなるのです。

また、アメリカのペリー就学前計画の研究結果も前著の中で詳しく述べました。就学前教育（日本でいえば幼稚園や保育園）に投資を行うことで将来的な収入や持ち家率、そして生活保護受給率などに影響があることがわかっています。

米国ミシガン州で一九六二年から一九六七年にかけて実施されたこのプログラムは、アフリカ系米国人の経済的に恵まれない三歳から四歳の子供たちを対象に、毎日平日の午前中は学校で教育を施し、週に一度、午後に教師が家庭訪問をして指導にあたるというものです。この就学前教育は二年間続けられました。

就学前教育終了後、これを受けた子供たちと、受けなかった同じような境遇にある対照

図表6-5 「ペリー就学前計画」に見る幼児教育の効果

アメリカ
ペリー就学前計画の概要

【実施期間】1962〜67年
【対象】低所得層アフリカ系アメリカ人3〜4歳児／教育上「高リスク」児・123名
【内容】学校教育／家庭訪問／親教育
【教育期間】2年間
【追跡調査】3〜11歳、14、15、19、27、40歳

出所:Heckman and Masterov (2007) "The Productivity Argument for Investing in Young Children"

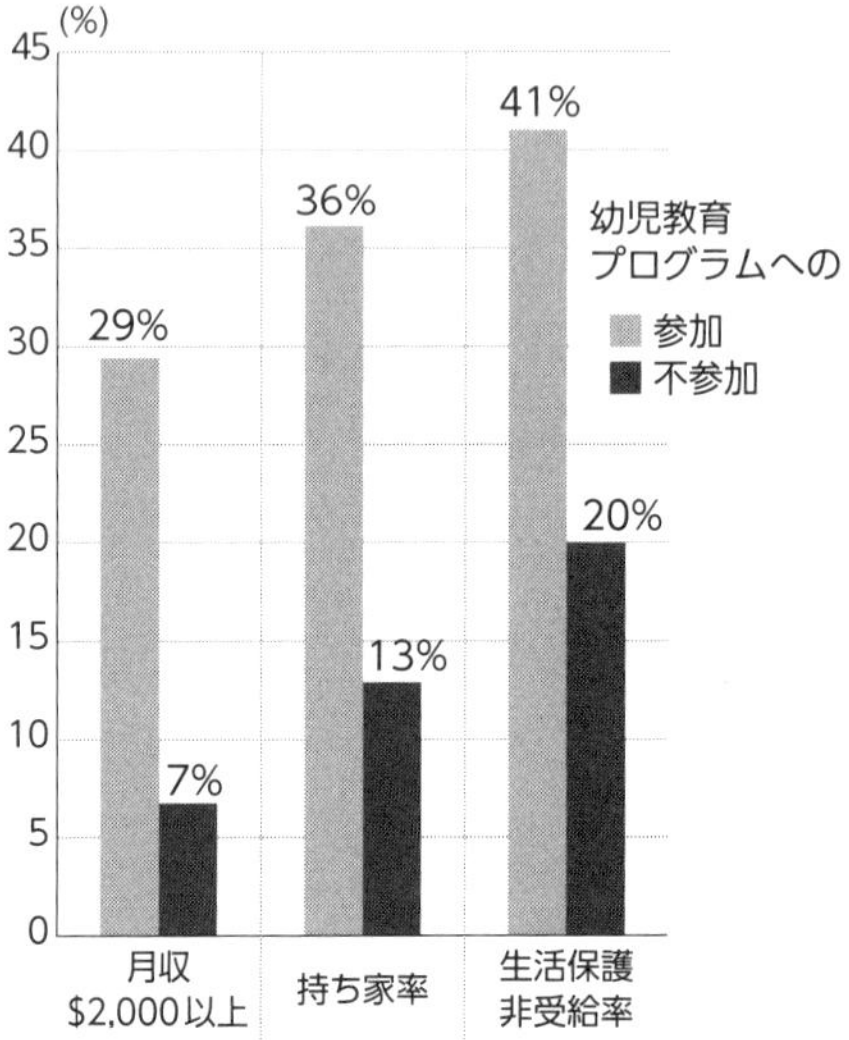

グループの子供たちを、約四十年にわたって追跡調査したところ、四十歳の時点で両者に大きな違いが認められました。就学前教育を受けたグループは、受けなかったグループよりも所得や持ち家率が高く、生活保護受給率や逮捕者率が低かったのです。

つまり、三歳から四歳の間に二年間教育を行うことで、その後の人生における所得や犯罪率にも影響を与え、社会全体に良い効果を生み出すことになるのです。

一般的に建設国債は一・〇四程度の乗数効果があるのに対し、教育国債は二・八〜三・二倍の乗数効果が期待されるといわれています。つまり、一〇

〇万円の投資をした場合、建設国債では一〇四万円の効果であるが、教育国債であれば二八〇万円から三二〇万円の効果になるということです。

インフラやハード面への投資も重要ですが、人への投資を行うことによって経済効果はより大きなものになると考えています。ですから、教育国債の発行を含め、教育や人材育成の投資を行っていくべきだと思います。

また、企業の人材育成に関しても、国として支援体制を整えていくべきだと考えています。デービッド・アトキンソン氏の前掲書『日本人の勝算』から、イギリスの取り組みを紹介したいと思います。

イギリスは最低賃金を政策的に引き上げて、高生産性・高所得経済への移行を目指しています。そこでイギリスでは「apprenticeship levy」という職業実習賦課金制度を二〇一七年から始めました。この制度の対象は、年間の人件費が三〇〇万ポンド以上の企業です。対象企業は「年間の総人件費の〇・五%」から一万五〇〇〇ポンドを引いた額の賦課金を社員のトレーニングのために納めます。

企業ごとに口座が設けられて、賦課金を納めてから二年以内に人材トレーニングをすると、そのコスト分だけ払い戻しをしてもらえる仕組みになっています。企業が納めた金額に国が一割を足します。

この制度では、自社内のトレーニングだけでなく、国が認定する養成・教育機関を利用したトレーニングも、払い戻しの対象となります。口座の金額以上にトレーニングの費用がかかった場合は、自ら納めた賦課金を超える分に関しては、企業が一割、国が九割負担することになっています。二年以内に使わない分に関しては国が没収します。国から供出された一割も同様です。

また、年間の人件費が三〇〇万ポンド以下の企業の場合は、人材トレーニングのコストの一割を企業が負担し、残りの九割は国が払うことになっています。

つまり、イギリスの場合は人材育成にかかる費用に関して、企業側にすべての負担を押しつけるのではなく、国が負担することによって、積極的な人材育成を行おうとしているのです。

この制度はまだ二〇一七年に始まったばかりで、効果については今後の調査でわかってくると思いますが、企業任せの人材育成から、積極的に国も関与していく姿勢への転換がうかがえます。

今、世界各国で人材育成による労働生産性の向上が一つのテーマとなっています。とくに人材育成による経済効果の大きさが明らかになってきている中で、国の政策として人材育成を進めることが今後の課題にもなってくると思います。

図表6-6　人材投資／GDP比の国際比較（%）

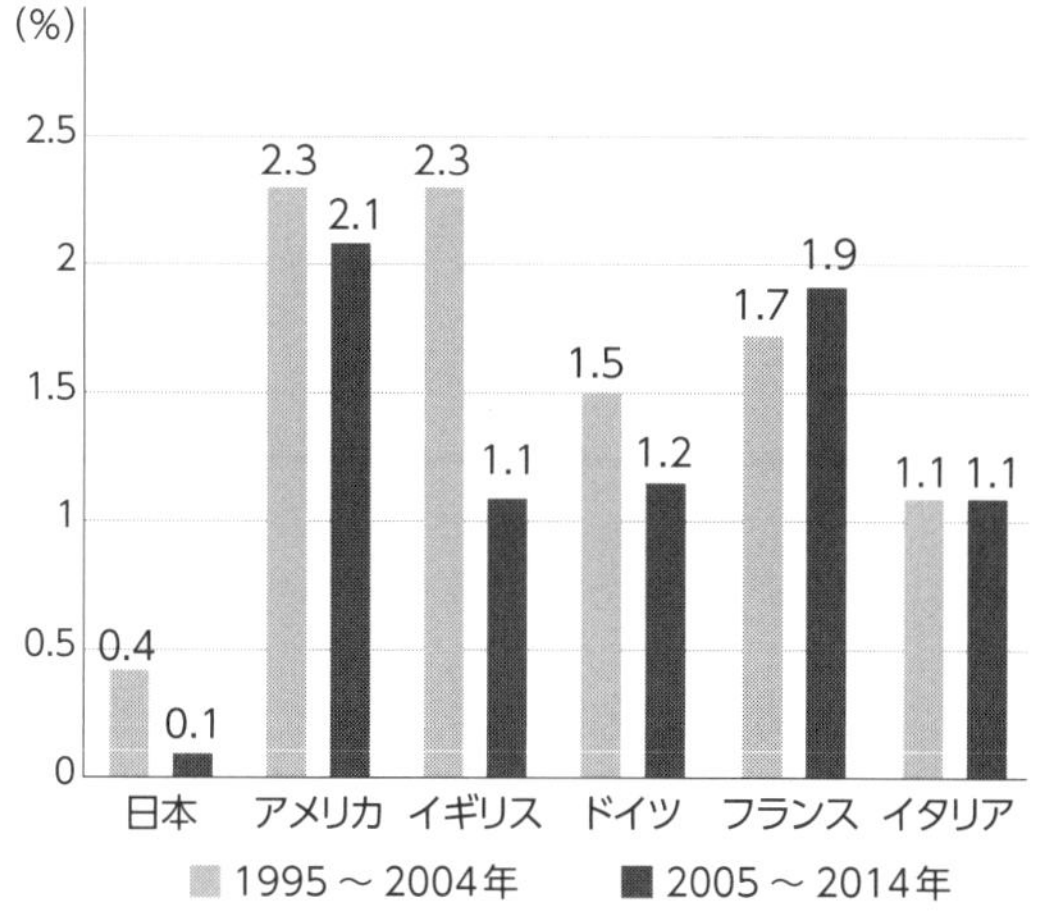

出所：宮川努著『生産性とは何か』（筑摩書房、2018）

日本では学校教育に対する公的資金の投入額が、世界比較でも低いという現状があります。人材投資の割合が低く、その影響もあってか生産性が向上しないという負の連鎖です。こうした現状を何とか変えていきたいと考えています。

さらに、図表6―6でも示しているように、日本のGDPに占める人材投資の割合は諸外国に比べても低いことが分かっています。人材育成こそが労働生産性の向上につながると考えた場合、他の国の制度を参考にしながら、この割合を上げていく必要があります。

地域経済活性化の道

私は今までとは違った方法で地方創生、地方経済の活性化を実現したいと考えています。地方経済を活性化させるために必要なことは、まず安定した経済基盤をつくっていくことです。今でも外貨を稼ぐために観光業に力を入れている自治体や、トークンエコノミーのように独自の経済活動を形成していこうとする動きがあります。

トークンエコノミーとは、国が発行する通貨ではなく、地方自治体や企業が独自に発行する仮想通貨（トークン）がつくり出す限られた経済圏で行われる経済活動のことです。実際に岡山県の西粟倉村《にしあわくらそん》や長崎県の平戸市は民間と連携しながら独自にトークンを発行し、事業の運営資金を調達するための新たな方法の実施を目指しています。

こうした取り組みと似ている部分もありますが、私が文科大臣時代に始めた取り組みを一つ紹介したいと思います。それは、「日本遺産」という文化庁が主導して行っている取り組みです。

これは地域の歴史的魅力や特色を通じてわが国の文化・伝統を語るストーリーを、「日本遺産（Japan Heritage）」として、文化庁が認定するものです。ストーリーを語る上で欠かせない魅力溢れる有形や無形のさまざまな文化財群を、地域が主体となって総合的に整備・活用し、国内だけでなく海外へも戦略的に発信していくことにより、地域の活性化を図ることを目的としています。

世界遺産登録や文化財指定は、いずれも登録・指定される文化財（文化遺産）の価値づけを行い、保護を担保することを目的とするものですが、日本遺産は、既存の文化財の価値づけや保全のための新たな規制を図ることを目的としたものではなく、地域に点在する遺産を「面」として活用し、発信することで地域活性化を図ることを目的としている点に違いがあります。

今まで点として地域に存在していた複数の文化的遺産を結びつけることによって、新たな魅力を生み出し、観光の起爆剤としてもらおうと考えて始めたものです。二〇一五年度から認定が始まり、二〇二〇年までに一〇〇件の認定を目標としていますが、現在は六七件認定されています。

二〇一五年の最初の認定となった「『信長公のおもてなし』が息づく戦国城下町・岐阜」をここでは紹介したいと思います。ストーリーの概要は、

「岐阜城を拠点にして天下統一を目指した織田信長公。信長公は、長良川での鵜飼観覧、

『地上の楽園』と称された山麓居館など、冷徹なイメージを覆すような信長流のおもてなしで、ルイス・フロイスら世界の賓客をも魅了。信長公が形作った城、町、川文化が〝信長公のおもてなしの心〟とともに、現在も岐阜の町に息づいている」（岐阜市ホームページより）

というものです。日本遺産の趣旨をより深くご理解いただくため、岐阜市ＨＰから「『信長公のおもてなし』が息づく戦国城下町・岐阜」の「詳細ストーリー」を以下にかいつまんで掲げておきます。

戦国時代に活躍した織田信長は岐阜城を拠点に天下統一を目指していました。彼は冷徹非道、戦上手、改革者、破壊者等のイメージで語られることが多いと思います。しかし、意外な一面として、織田信長は手厚いおもてなしによって多くの人を魅了したと言われています。

天下統一を進める中で、織田信長は岐阜城近くに山麓では比類ない巨大庭園を持った迎賓館を造りました。山上の城郭部分は石垣を用いて堅固な城郭に造り替えられたが、信長はなんとその場所にも人を招きました。このように彼は戦いを進める一方、金華山や長良川の美しい自然環境や眺望を活かして、岐阜の地に最高のおもてなし空間を創出していったのです。

山麓居館は訪問者が最初に招かれる場所で、そこでは建物や庭の見学、踊りと歌、オヤツや食事、贈り物等が行われたと言われています。日本布教長フランシスコ・カブラル来訪の際、信長は歓迎の晩餐会を開き、食事までの待ち時間に自ら果物を持っていくとともに、庭にいる鳥を獲って料理に出すよう命じるなどしました。

また名物茶器拝見のため訪れた津田宗及に対しては、彼のためだけの茶会を開き、美濃特産の干柿を含んだ豪華な料理を振る舞うなどして、その思いに応えました。堺の代表的な町衆であった宗及の扱いは破格で、食事の給仕は信長の息子信雄が行った上、飯のおかわりは信長自らがよそったと言われています。

さらに信長は、楽市楽座によって市場の開放と、座の特権を廃止する一方で、川湊の商人に舟木座の結成を認めるなど柔軟なまちづくりを行い、長良川の水運を基軸とした城下町を国内有数の商業都市へ発展させていきます。さらに長良川の鵜飼いにも多くの客人を招き、日本の伝統文化の継承を続けて、日本独自の文化として発展をさせていきます。軍事施設である城に「魅せる」という独自性を加えた信長の発想によって、岐阜はおもてなしの都市へと発展していったのです。

このように点在する遺産を一つのストーリーで結びつけることによって、訪れる人たちは一つ一つの文化的な遺産を個別に見るだけではなく、今までとは違う視点から観光を楽しむことができます。

観光地としても新たな魅力を発信することができます。今までは自治体の観光課や市町村などがバラバラで動いていたものを一つのキャンペーンとして取り組むことによって、観光行政のあり方を見直すこともできます。

これらの取り組みはあくまでソフトが中心です。つまり、主役は人であるといえるでしょう。今まではハードにお金をかけることを中心とした政策でしたが、今後は日本遺産のように今あるものに改めて光を当てることによって、その地域を輝かせることも重要となってきます。

また、もう一つの取り組みとして「瀬戸内国際芸術祭」をご紹介したいと思います。これは、三年に一度、瀬戸内海の一二の島と二つの港を舞台に開催される現代アートの祭典です。

瀬戸内海ははるか昔より多くの人やモノが行き交う交通の大動脈であり、さまざまな文化を伝える豊かな交流の海でした。しかし近代以降、「世界のグローバル化・効率化・均質化の流れが島の固有性を少しずつなくしていく中で、島々の人口は減少し、高齢化が進み、地域の活力を低下させて」(「瀬戸内国際芸術祭2019」ウェブサイトより)きました。

そこで、「美しい自然と人間が交錯し交響してきた瀬戸内の島々に活力を取り戻し、瀬戸内海が地球上のすべての地域の『希望の海』となることを目指し」(同前)て始められたのが、瀬戸内国際芸術祭です。第一回が開催されたのが二〇一〇年で、二〇一九年には第四回が開催されています。

直島・宮ノ浦にある草間彌生さんの作品「赤かぼちゃ」は有名ですが、さまざまな作品が香川県を中心とした瀬戸内海の島々に展示され、島全体が芸術作品によって生まれ変わります。第二回の開催では、来場者数が百八日間に約一〇四万人にのぼりました。このイベントは海外からの評価も非常に高いといいます。

このことによって香川県には瀬戸内国際芸術祭推進課が設置され、官民連携して事業に取り組んでいます。

こうした民間が行政を巻き込みながら、地域全体を盛り上げていくということも、今後の地域の活性化には必要なことです。今まで行政主導で行われていた事業も、民間が積極的に発案・推進し、行政もサポートできる体制を整えていくことによって、今までとは違う形で地域社会の魅力を再発見することができます。

日本遺産の取り組みや瀬戸内国際芸術祭の事業は、官民連携によるものです。しかし、こうした取り組みも今までのように待っているだけで動いていくものではありません。一人ひとりが主体的に動き、働きかけを行いながら進めていくことが重要です。そうすることによって、今までとは違う形の地域社会が見えてくると思います。

こうしたプロジェクトは、トップダウンの教育的な考えではなく、啓育的な視点から考えることで、魅力的な発想が生まれ、実現に至るのだと思っています。

今後、日本を訪れる外国人観光客の数はますます増えていきます。二〇三〇年には年間六〇〇〇万人を見込んでいます。これだけ多くの外国人が観光に来るというのは、チャンスだと思います。今まで自分たちは当たり前と思っていた建物や景色が、外国人から見ると美しく、感動的なものになるのです。

日本にはまだまだ見つけられていない魅力的な観光資源が多くあると思います。しかし、それは誰かが見つけて紹介することによって初めて、輝きを放つことになるのです。誰かがそれ見つけてくれるのをただ待っているのではなく、皆さんご自身がまだ世に知られていない宝物を身近な場所で見つけて、光り輝かせていただきたいと思います。

経済政策に必要な新たな考え方

ここまで、どのようにして個人の労働生産性を上げるか、個人消費を伸ばすにはどうすればいいか、そして教育投資、人材投資がこの国にとっていかに有効な政策であるかを論じてきました。ここからは、少し視点を変えて、この国の経済のあり方について考えていきたいと思います。

今まで述べてきた内容のすべての土台には、GDPの成長率を上げるためにはどうしたらいいのかという考えがありました。確かに、日本のデフレは三十年間続いていることもあり、感覚として経済が上向いていると感じることができない人も中にはいると思います。そのために、これまで述べてきた経済対策も一つの有効な政策となるでしょう。

しかし、ここでは今までと違う形で経済というものを捉えていきたいと思います。確かに日本のGDP成長率は一%前後であり、目標としていたインフレも実現できていない状況があります。一方、こうした状況は私たちにとって不幸なことなのでしょうか。

GDPは確かに経済成長を測る上で、大切な指標です。今後も政策の根拠として示していくことが必要です。しかし、同時にGDPだけでは測れない幸福感というのが、実はあるのではないかと思います。

先日、ある三十代の若者と会ったとき、こんな話になりました。

「僕たちの世代は車を所有することをせずに、シェアしています。このことを上の世代の人たちは、生活が厳しいからと捉えるようです」と彼は言いました。

私は「君たちの世代は賢い。所有に拘ったところで、死んだあとはあの世に持っていけないのだから。私たちの世代はある意味で見栄っ張りだ」と答えました。

そうすると彼は、「下村議員の世代でそういった考えを持たれている方がいるのは驚きです。そう言われるとなんだか自分の世代が賢く生きているように思えます」と驚いていました。

私はこのとき、今までの資本主義とは違う時代がくると強く感じました。というのも、シェアリングエコノミーは所有をすることに重きを置いていません。家や車というのは生活を豊かにする道具ではあるが、あくまで道具にすぎず、所有しなければならないものではないという考えが若い世代を中心に広がっています。

自動車業界から見れば、若者の車離れは深刻な問題かもしれません。一台数百万円する車を買わずに、一カ月数千円で車を使う人が増えた場合、企業の売上げを考えればマイナスになるかもしれません。しかし、彼らの世代は賢いです。所有という概念を超えて、シェアするという概念で生活を豊かにしています。

他にも家を買わずに、平日は都心で週末は地方で生活する二地域移住をする人が現在は増えているようです。都心で家を買って、週末の地方住まいは賃貸という方もいるようです。都心も地方も賃貸という人も増えています。これも今までの考え方とは違います。

多くのお金を稼いで、地方に別荘を建てることが一つのステータスであった時代もありました。しかし、今は所有に拘らず、お互いが補い合って生活を豊かにすることができます。一人ひとりが資本を蓄積せず、資本を使い合うということが可能なのです。

デフレから脱却することが最優先事項として今までは考えられてきました。資本主義において重要なことは緩やかなインフレを続けていくことであり、そのことによってGDPが拡大していくというのが基本的な考え方となっています。そのため、個人消費が伸びること、効率的に生産をしていくことが重要でした。

シェアリングエコノミーの進展による新市場の創出に伴い、既存市場への負の影響も生じる可能性があります。モノのシェアを例にすると、シェアリングエコノミーが拡大すると新品の購入が減る可能性があるからです。ライドシェアや民泊サービスであれば、タクシー業界や宿泊業への影響があると考えられるかもしれません。しかし、この流れを止めることは難しいと思います。若い世代の意識は、明らかに所有からシェアへと変わってきています。

こう考えたとき、今までとは違う、新たな考え方に対する経済政策が必要となってきます。時代とともにテクノロジーは進歩し、すべての人がインターネットでつながった状態になる時代はもうきています。そのときに、今までのような経済政策がそのままうまくいくかというと、それは難しいと考えるべきでしょう。

高度経済成長期のように、人々がモノを求め、新たな商品が売れるような時代ではありません。個人消費を誘発することができるような新たな価値をどう生み出すかも考えていかなければいけないと思います。これからの時代はモノが溢れている時代です。ただ、溢れているモノを無理に売ろうとするだけでは経済成長にはつながりません。

最近では、どこかの企業や団体に所属していなくても、個人同士で自分の能力や時間を売り買いできるようになっています。実際に習いごとや語学学習の指導、コンサルティングなどのサービスが個人間で取り引きされるケースも増えています。

個人の能力や時間を売ることができるということは、今までのようなB to Cサービス（企業と個人間の商取引）から、よりC to Cサービス（個人間の商取引）にビジネスの形態が近づいているということです。企業や団体に所属しない個人の能力という無形の資産も、次の時代には商品となり得るのです。こうしたことを踏まえ、新たな経済の考え方を構築していくことが必要だと思います。

しかし、経済システムが変わったとしても、変わらないことがあると思っています。それは、資本主義であれポスト資本主義であれ、人生を幸せに暮らしたいという人の欲求です。身近な経済活動が資本の増大を目指すことから便利に効率的に資本を使うようなシェアの経済活動になったとしても、それは人が幸せに生活するための手段です。

今まではお金に固執した政策や概念が社会の中で広がり、そのことに疲弊しストレスを感じる人が多くいました。こうした状況を克服し、新たな考え方で人がより幸せに生きる手段として、シェアの経済も生まれたはずです。ですから、人生の幸福ということを改めて考えることによって、一人ひとりの経済に対する視点も変わってくるのではないでしょうか。

お金をただ求めるのではなく、自らの人生をより良くするために新たなサービスを生み出し、使っていく。こうすることによって初めて、ポスト資本主義の新たな時代が訪れると思います。

GDPでは測れないもの

所有の概念を超えたところにポスト資本主義の概念があると述べましたが、そうした時代には、GDPだけでは一人ひとりの生活の豊かさを測ることができないと私自身は考えています。

ただし、国の政策課題としてGDP六〇〇兆円を目指すことを否定しているわけではありません。何より経済を安定させるためには緩やかでもGDPが伸びていくことのほうが国の経済的な豊かさは保てます。また、適切なインフレ率も国の経済が健全であるためには重要です。

ここで言いたいのは、今まで続けてきた資本主義経済の政策をすべて否定するのではなく、新たな物差しで人生の豊かさや幸福感を測っていくことが必要ではないかということです。

たとえば、国連は『世界幸福度報告（World Happiness Report）』を、OECDは『幸福度白書（How's Life ?）』をそれぞれ発行し、各国の幸福度を発表しています。つまり、今までのようなGDP以外にも、国の豊かさを測る物差しはいろいろあるのです。

幸福度に関しては「純粋幸福度（幸せかどうかを五段階で評価し採点）」を測る調査などもあって、調査法によって順位が大きく変動するのが実状ですが、日本の順位は総じて低いと言わざるを得ません。

日本の一人当たりＧＤＰが低い、労働生産性が低い、幸福度も低いという調査結果については、謙虚に受け止めるべきだと思います。こうした事実の結果として、国民が自分の国に誇りを持つことができないでいるとすれば、なおさらです。

しかし、こうした調査に触れるにつけ私が思うのは、ＧＤＰの大きさだけを追い求めることが人生の幸福感につながるわけではないということです。

二〇〇二年にノーベル経済学賞を受賞した心理学者ダニエル・カーネマンは、感情的幸福は年収七万五〇〇〇ドル（約九〇〇万円）までは収入に比例して増えるが、それを超えると比例しなくなるという研究結果を発表しました。つまり、個人の収入の増大と幸福度の増大は、ある一定額までは比例関係にありますが、それを超えるとあまり関係がなくなるというのです。

実はＧＤＰの増大について、私と似た考えを持っている人がいました。それはロバート・Ｆ・ケネディです。彼はジョン・Ｆ・ケネディ大統領の弟で、司法長官として兄の政権を支えました。兄が暗殺された後は上院議員を務めていましたが、一九六八年六月五日、出馬していた大統領選挙のキャンペーン中に暗殺されます。その死のおよそ三カ月前の一九六八年三月十八日、ロバート・ケネディはカンザス大学である演説を行いました。

孫引きになりますが、マイケル・サンデル著『これからの「正義」の話をしよう――いまを生き延びるための哲学』(鬼澤忍訳、早川書房、二〇一〇年)からその演説をご紹介したいと思います。

「アメリカのGNP(国民総生産)はいまや年間八〇〇〇億ドルを超えている。だが、そのGNPの内訳には、大気汚染、タバコの広告、高速道路から多数の遺体を撤去するための救急車も含まれる。玄関のドアにつける特製の錠と、それを破る人たちの入る監獄も含まれる。セコイアの伐採、節操なく広がる都市によって失われる自然の驚異も含まれる。ナパーム弾、核弾頭、都市の暴動で警察が出動させる装甲車も含まれる。それに……子供たちにオモチャを売るために暴力を美化するテレビ番組も含まれる。それなのに、GNPには子供の健康、教育の質、遊びの喜びの向上は関係しない。詩の美しさ、結婚の強さ、市民の論争の知性、公務員の品位は含まれない。われわれの機知も勇気も、知恵も学識も、思いやりも国への献身も、評価されない。要するに、GNPが評価するのは、生き甲斐のある人生をつくるもの以外のすべてだ。そして、GNPはアメリカのすべてをわれわれに教えるが、アメリカ人であることを誇りに思う理由だけは、教えてくれない」

つまり、彼は国の豊かさを測る尺度として、GNPでいいのかという問題提起をしているのです（ケネディは演説の中で、当時一国の経済規模を把握する代表的指標だった「GNP」を使っていますが、彼が現在演説を行えば「GDP」を使ったはずです）。果たして、物質的な豊かさだけが私たちの幸福なのでしょうか。そのことを改めて考える上で、彼の思想は参考になると思います。

経済的問題が解決しても幸福になれるとは限らない

現代経済学の祖ともいえるJ・M・ケインズも、経済的な悩みがなくなり、本来の価値観を見つめ直さなければならない時代がくると予言していました。一九三〇年に発表された「孫の世代の経済的可能性」（J・M・ケインズ著『ケインズ説得論集』山岡洋一訳、日本経済新聞出版社、二〇一〇年所収）の中で彼は次のように述べています。

「ここでは百年後に、経済的にみた生活水準が平均して、現在の八倍になると想定して議論を進めることにしよう。この想定には驚くような点は何もないと断言できる。(中略)

結論として、大きな戦争がなく、人口の極端な増加がなければ、百年以内に経済的な問題が解決するか、少なくとも近く解決するとみられるようになるといえる。これは将来を見通すなら、経済的な問題が人類にとって永遠の問題ではないことを意味する。

(中略)

したがって、天地創造以来はじめて、人類はまともな問題、永遠の問題に直面することになる。切迫した経済的な必要から自由になった状態をいかに使い、科学と複利の力で今後に獲得できるはずの余暇をいかに使って、賢明に、快適に、裕福に暮らしていくべきなのかという問題である。

金儲けを目的として必死に働く人たちのお陰で、わたしたちはみな経済的に裕福になるかもしれない。だが、経済的な必要から自由になったとき、豊かさを楽しむことができるのは、生活を楽しむ術を維持し洗練させて、完璧に近づけていく人、そして、生活の手段にすぎないものに自分を売りわたさない人だろう」

ケインズが予想した百年後とは二〇三〇年ですから、今からおよそ十年後です。ケインズは予想にあたって、「大きな戦争がなく、人口の極端な増加がなければ」という前提条件をつけています。残念ながら、その間に「大きな戦争」がありましたし、国連経済社会局（UNDESA）は、一九三〇年の世界の人口が約二〇億人で、二〇三〇年には約八三億人になると推計しています。百年で四倍強というのは、人口爆発といっていいでしょう。それにもかかわらず、少なくとも先進国では「切迫した経済的必要」からの自由は、おおむね達成できているのではないでしょうか。

そのとき「豊かさを楽しむことができるのは、生活を楽しむ術を維持し洗練させて、完璧に近づけていく人、そして、生活の手段にすぎないものに自分を売りわたさない人だろう」というのが、ケインズの見立てた未来像です。

もっともケインズは、「豊かさを楽しむこと」が難しい人間の本性まで見通していました。先に引用した文章に続いて、ケインズは次のように記しています。

「しかし思うに、余暇が十分にある豊かな時代がくると考えたとき、恐怖心を抱かない国や人はないだろう。人はみな長年にわたって、懸命に努力するようしつけられてきたのであり、楽しむようには育てられていない。とくに才能があるわけではない平凡な人間にとって、暇な時間をどう使うのかは恐ろしい問題である。（中略）
今後もかなりの時代にわたって、人間の弱さはきわめて根強いので、何らかの仕事をしなければ満足できないだろう。（中略）残された職をできるかぎり多くの人が分け合えるようにすべきである。一日三時間勤務、週十五時間勤務にすれば、問題をかなりの期間、先延ばしできるとも思える。一日三時間働けば、人間の弱さを満足させるのに十分ではないだろうか」

要するに、天地創造以来初めて、切迫した経済的な必要から自由になったとしても、豊かさを楽しむことも、余暇を楽しむことも容易なことではなく、人間はそれだけで幸福になれるわけではないということです。ロバート・F・ケネディが投げかけた、GNP（あるいはGDP）だけを豊かさの尺度にすることへの疑念にも、私たちは真摯に向き合うべきです。

経済の大きさや物質的豊かさで個人の幸福度を測ることのできない時代が、これから来ると私は思っています。もちろん、経済的に豊かであることが幸福につながる場合もあります。しかし、これからの時代はそれ以上に自らの経験や感性、他者からの信用というものが、より価値のある時代になっていくと思います。

こうした変化は今まさに起きています。若い人を中心に、所有し蓄積することより、シェアすることのほうに人生の豊かさを見出す傾向が強くなっています。お金がないから買わないわけではありません。モノを持たなくても、自らの知恵によって豊かな人生を送ることができるというのが、彼らの考え方です。

こうした考えを否定するのではなく、資本主義を超えた新たな幸福を追い求める社会を同時に目指していくことも、一つの経済政策として重要になってくると考えています。

「幸福」と「啓育」には相関関係がある

二〇一八年の秋、私は自民党の中に「日本 Well-being 計画推進プロジェクトチーム」を立ち上げ、国民の幸福度を高めるために何が必要なのかをさまざまな視点から議論しています。

「幸福」を「happiness」とすると、主観的な幸福の意味合いが強くなるので、「Well-being」としました。「well-being」には幸福な状態、満足できる生活状態、健康で安心できる状態

図表6-7　世界幸福度ランキング2019

・世界156カ国中　日本は**58**位（前回54位）

・調査項目
「一人当たりGDP」（24位）
「社会的支援」（50位）
「健康寿命」（2位）
「人生の選択の自由度」（64位）
「社会的寛容さ」（92位）
「社会の腐敗度」（39位）

・ランキング上位
1位　フィンランド
2位　デンマーク
3位　ノルウェー
4位　アイスランド
5位　オランダ
6位　スイス
7位　スウェーデン
8位　ニュージーランド
9位　カナダ
10位　オーストリア

といった意味があります。

ＧＤＰという物差しではなく、Well-being を指標に、国民の幸福度が世界でトップ評価となることを目指して私たちはこのプロジェクトチームを設立しました。この目標はこれから国民の皆さんと共有できる国家ビジョンになると考えています。

本章の最後に、日本 Well-being 計画推進プロジェクトチームの議論を踏まえて、幸福と啓育についてまとめておきたいと思います。

世界の幸福度調査において、日本は高い位置にいません。幸福度を測る調査はいくつかあるのですが、総じて日本は中位から下位に位置しています。たとえば国連が毎年、国際幸福デー（三月二十日）に発表する『世界幸福度報告』の「世界幸福度ランキング」は近年、認知度が高くなってきましたが、その二〇一九年版では、日本は一五六カ国中五八位という結果でした。

この調査は、「一人当たりＧＤＰ」「社会的支援」「健康寿命」「人生の選択の自由度」「社会的寛容さ」「社会の腐敗度」の六つの項目を数値化したものをランキング形式に並べていますが、この調査の中で日本は「人生選択の自由度」と「社会的寛容さ」がそれぞれとくに低いという評価でした。

ランキング上位の国を見てみると北欧諸国が目立ちます。本書の中でも、北欧の教育制度や社会保障制度について取り上げてきましたが、北欧諸国の幸福度が高いのは、「国ごとの経済水準と幸福感との間では相関関係があるが、それ以上に、人生の選択の自由に対する満足度と幸福感との相関は大きいこと。そして、その点で北欧諸国は人生の選択の自由に対する満足度が最も高い国々である」ことや、「自立を促す福祉、すなわち、誰もが自立して、自分の才能を見つけるチャンスを得るよう教育、職業訓練制度が構築されたこと」（「日本 Well-being 計画推進プロジェクトチーム　第二次提言」より）が背景にあるといえます。

働き方改革のところでも述べましたが、幸福度と生産性には関連があります。やはり、働く人の幸福度が高いと生産性は高くなります。また、健康寿命も幸福度が高い人のほうが長い傾向にあります。つまり、政策として国民の幸福度を高めることが、結果的には国全体にプラスに働くといえます。それを実現してきたのが北欧諸国であり、日本にはこうした視点からの政策が欠けていたといえます。

私は、「幸福」と「啓育」には相関関係があると考えています。なぜか。それは、幸福度の高さには、「人生における選択の自由」と「生活の自立」が大きく影響していると考えているからです。

何かを自分でやりたいと思ったとき、金銭的制約や地位の制約によって妨げられること

図表6-8　啓育によって幸福度は高くなる

○**幸福度が高いのは**「教育」ではなく、「啓育」によって自立性・主体性を持つことができ、人生を自由に選択ができ、自ら行動できる人。

なく、自らの自由な選択でその道に進むことができれば、人は幸福感を持つことができるはずです。そして、選択し目指すものは、他者から教えられるのではなく、個人の内から出てくるもの、引き出されるものでなければいけません。

今までの日本の教育に欠けていたのは、こうした視点です。啓育によって、自立し主体的に行動することができれば、自由な選択をすることが身についていきます。結果的にそれが幸福感にもつながっていくということです。

金銭的な制約については、国の制度として常に個人がやりたいことができて、それを応援できるような環境を整えていかなければいけません。しかし、それと並行して、個人の意識も変えていく必要があります。

日本ではこれまで、自由な選択や自発的な行動が重視されてきませんでした。企業も従順で、扱いやすい人を求めてきました。しかし、これからの時代はそういった人こそ、「無用者階級」になる可能性があります。誰かの指示に従うだけの人は、これからの時代には対応できません。

自ら何がしたいのか、どういうことを社会の一員として成し遂げていきたいのかを考えなければいけません。そのときに、「教育」で教えられることには限界があると思っています。教え育てられるのではなく、自ら考え行動するための「啓育」が必要なのです。「啓育」によって個人の意識の中に自立性と主体性が育まれてこそ、幸福度と密接に結びついた「人生選択の自由」も高められます。だからこそ学校、企業、社会生活の中で啓育的な取り組みを進めていくことが重要なのです。

この点は、多くの先生方も会議の中で指摘されています（以下は「日本 Well-being 計画推進プロジェクトチーム　第二次提言」より）。


「飽和の時代、量的豊かさが実現し、モノも情報も手に入るなか、人が求めるのは質的豊かさ、自己実現＝Well-being」

（小宮山宏プラチナ構想ネットワーク会長）

「経済成長が一定ラインを超えると、幸福度は比例しなくなる。そこから幸福度をあげるためには、人々が自分の生きがいや存在意義を見つけることが重要であり、健康、文化、人と人とのつながりの在り方が重要である」

（宇野重規東京大学教授）

「幸せの心的要因を因子分析した結果、人が幸せになるために大事な4つの因子は、①自己実現と成長、②つながりと感謝、③前向きと楽観、④独立と自分らしさ」

（前野隆司慶応義塾大学教授）

つまり、幸福・満足感、Well-being は自己実現、自分の存在意義の確認、「自分らしく」いられることと密接不可分の関係にあるのです。そして、それらを達成する方法が、「啓育」によって自分の人生を主体的に生きていくことです。自分の存在意義を他者から教わるのではなく、自らが考えていくことです。そのことが幸福につながり、結果として、日本社会全体が豊かになっていくのです。

このように、個人の幸福感を高めるためには、啓育的な視点からのアプローチが必要です。もちろん、啓育を広めると同時に、個人の幸福感を高めるための諸政策を実現していくことも大切です。国家戦略として、日本の Well-being を世界トップクラスに高めていくべきだと私は考えています。

終章　啓育から見た日本の国際政策

スポーツを啓育的視点から考え直す

今、日本のスポーツ界には、行き過ぎた勝利至上主義が広がっているように感じています。たとえば高校野球では、試合に勝つために、才能のある投手に無理な連投させることがあります。結果的に、その投手の選手生命を縮めてしまう恐れがあるにもかかわらずです。投球数制限や投球回数制限を今後は導入していくことも検討されていますが、選手の将来のことを考えて、きちんと制度を考え直すときです。

こうした問題は野球だけではなく、他のスポーツでも起きています。まだ体が成長しきっていない段階から、小学生や中学生が過度のトレーニングをすることによって、身長の伸びが止まってしまうこともあると聞いています。また、スポーツの世界では体罰もまだ残っています。勝利を絶対視するあまり、ミスをすると大きな声で怒鳴ったり、ときには暴力を振るうという事件も聞きます。

最近では、社会全体としてそういうことはよくないという価値観が共有されていると思いますが、まだまだ残っている部分があります。

本来のスポーツとは、取り組む人間の自己成長が目的であるはずです。自分の力を最大限発揮して、人生をよりよく過ごすためのものであると私は考えています。ですから、必要以上に勝利を絶対視することは改めるときにきていると思うし、身体の成長過程やまだ学生の段階で過度な負荷を与えるべきではないと思います。

もちろん、スポーツには勝負の結果が求められる部分もあり、そのために練習を重ね、自分自身の能力を高めていくということもありますが、それを求めすぎるあまり、結果的に人生が壊れてしまっては元も子もありません。

二〇二〇年に東京オリンピック・パラリンピックが開催されます。ここで、オリンピック憲章の1を紹介します。

1　オリンピズムは肉体と意志と精神のすべての資質を高め、バランスよく結合させる生き方の哲学である。オリンピズムはスポーツを文化、教育と融合させ、生き方の創造を探求するものである。その生き方は努力する喜び、良い模範であることの教育的価値、社会的な責任、さらに普遍的で根本的な倫理規範の尊重を基盤とする。

このような精神がオリンピックの土台となっています。個人の能力を高め、他の大陸の選手と協調しながら、互いに尊敬し合い、社会的な責任を持ち、そして生き方の創造を探究することにその本来の意味があるわけです。

こう考えたとき、東京オリンピックで金メダル三〇個、東京パラリンピックで金メダル二二個とそれぞれ目標が設定されましたが、それを絶対視するあまり、周囲が選手に過度のプレッシャーを与えることがないよう配慮する必要があるように思います。

旧ソ連時代は、社会主義国家の国威発揚の一環として、オリンピックでの活躍を選手に促しました。しかし、現代はそういう時代ではありません。メダルを取るために、国家がスポーツ振興に肩入れし過ぎるのは望ましいことではありません。人生をよりよく生きるための手段としてスポーツがあるのであり、メダルが取れなかったら不幸、オリンピックに出られなかったら不幸という考えは正しくありません。

日本ではメダル獲得の報道が過熱気味ですが、デンマークなどではそもそもメダルの個数を気にしないそうです。それはオリンピック憲章の精神を理解しているということもありますが、それ以前にスポーツは自己の成長を促すためのものという考えが根づいているからです。

私は東京オリンピック・パラリンピック大会招致のときに文部科学大臣をしていたので、東京大会が決まる瞬間も現場にいました。その際に、パラグアイのＩＯＣ委員から言われたことがあります。それは、次のようなことです。

「私は東京大会でオリンピック憲章の精神を取り戻してほしいと思います。過度の競争ではなく、自分の能力を伸ばし人生の幸福というものを考え、そして人に勇気を与え、感動させるような大会にしてください。そしてスポーツを通じて〝道〟の精神を顕現してください」

パラグアイのＩＯＣの委員が私にそういう話をしたのには理由があります。それは、彼が宮本武蔵の『五輪書』を読み、日本には競争ではなく、自己成長の中で道を究めるという素晴らしい文化があると感じていたからだそうです。

実はこれと似た話が日本でもありました。

私は全国剣道道場連盟の会長を務めていますが、東京オリンピック・パラリンピック大会が決まったとき、連盟の関係者に競技として申請をしてみてはどうかという話をしました。剣道は海外にも広がっており、世界で二七〇〇万人の競技人口がいるといわれています。しかし、関係者から即座に断わられました。

なぜなら、剣道というのは道を究めるものであり、相手を倒したから良い、人より強いから良い、ということではないからです。鍛錬を通じて自己を高めていくのが剣道の本来の良さであり、金銀銅と優劣をつけることは剣道の精神を失うことになるというのです。

この話を聞いたとき、私は改めて日本の「道」が持つ、精神文化の尊さに感銘を受けました。

先日、日本剣道少年団研修会という集まりがあり、私も剣道道場連盟の会長という立場で参加しました。そこで驚いたのは、子供たちが剣道だけではなく、書道や弁論で自己を高める鍛錬をしていたことです。展示されていた書や、会場で行われた弁論の内容は本当に素晴らしく、まさしく日本の精神文化の高さを象徴するものだと感じました。こういう精神は大切にしたいものです。

つまり、スポーツとは人材育成なのです。世界の中で日本ほど、一つの道を究めることに人生をかけるという文化を持った国は他にないと思います。生き方や幸せについて考え、精神と肉体の修行を行いながら、他者との競争ではなく、自己を高めていくという素晴らしい文化です。華道や茶道でも同様のことがいえます。こうした考え方を世界に発信していく責任が日本にはあります。そして、この考えこそ啓育的な考え方だと思います。

UAEの取り組み

二〇一九年三月七日に「2019年スペシャルオリンピックス夏季世界大会・アブダ

ビ」の日本選手団結団式に出席しました。

「スペシャルオリンピックス」は一九六八年、故ケネディ大統領の妹ユニス・シュライバーが、当時スポーツを楽しむ機会が少なかった知的障害のある人たちのスポーツを通じた社会参加を応援するために設立した国際的なスポーツ組織です。

ユニスは活動を通じ、知的障害のある人たちの可能性を広げ、彼らに対する社会の否定的な固定観念や差別的態度を変えようとしました。現在、一五〇カ国、約一二〇万人のアスリートと七〇万人のボランティアが活動に参加しています。

今回、UAE（アラブ首長国連邦）がスペシャルオリンピックスの開催国となっています。その理由は、UAEが現在取り組んでいるさまざまな政策と関係があります。UAE政府は、二〇〇を超える国と地域の人々がUAEで平和に共存し、成功を収めることを目標に、今後は国際社会における「寛容の首都」を目指しています。二〇一三年には、寛容計画を策定しましたが、その一環としてスペシャルオリンピックスを開催することにしたのです。

UAEは一九七一年の建国以降、部族を中心とした伝統的生活が近代的生活へと急速に変化しました。西洋式の生活様式を取り入れ、豊富な石油資源による収入を背景に豊かになった一方、国民の間の社会的結びつきが弱まり、「幸福」の意味を模索する動きが出てきています。

しかし、今後の課題として産油国でありつつも脱石油を含む構造改革を進めており、国の近代化・次世代化を急速に推進しています。それは、いずれ枯渇するといわれている石油依存型の経済からの脱却、そして世界経済の脱石油化などを考えたとき、これからUAEが国家として成長していくためにどういった方法がいいのかを考えている結果なのです。その政策として、二〇一六年には「幸福」「寛容」「青年」「未来」省を新設し、主観的な「幸福」と客観的な「福利」を結びつけた政策を進めていこうとしています。

今回のスペシャルオリンピックスの開催でも、中東という宗教関係が難しい地域で、宗教や人種を問わず、障害の有無も問わないという国家ビジョンを掲げることによって、国際社会に共存と共栄を発信していこうと決めたのです。

私も、著書『世界を照らす日本のこころ』（IBCパブリッシング）を二〇一五年に出版しましたが、日本が持つ和の精神というものを多くの人に知ってもらい、世界に発信していくことが大切だと感じています。英訳版もあります。世界の人に日本の和の精神、共存共栄の精神を知っていただきたいと思っています。

UAEがスペシャルオリンピックスの開催国として、国際社会に自国の政策や自国の理念を伝えていくという取り組みは、学ぶべきところが多いと思っています。

日本が国際社会の中でその存在感を示し、リーダーシップを発揮できる部分は、和の精神だと考えています。多様性が求められる中で、国家としても寛容であることが重要です。そして、その精神を国民一人ひとりが意識できるような国づくりが必要だと思っています。

日本が世界に発信すべき「共生の思想」

日本の花の象徴は桜です。私が子供の頃は「さくらのさくころいちねんせい」という言葉が小学一年生の教科書に載っていました。今、少なくとも関東地方では、入学式の頃には、桜はあらかた散っています。地球温暖化が着実に進んでいると実感しています。また、近年は花粉症に悩まされている人が多くなっています。地球温暖化が進むことによって地球環境自体が変わり、自然環境に影響を与えた結果だとも言われています。私が子供の頃は花粉症という言葉さえありませんでした。

先にも述べましたが、二〇一五年に『世界を照らす日本のこころ』を上梓しました。「現在の西洋文明は限界にきている」「環境破壊、異常気象、伝染病、資源枯渇、テロや紛争……このままでは人類は滅亡するのではないか」「しかし、それに代わる新たな文明のヒントがこの日本にある」という視点から「世界共生論」として、私は同書を著しました。

同書の中でも述べましたが、七世紀初頭に聖徳太子は十七条の憲法の中で、「和の精神」を説きました。その精神こそ、現在の課題に対する答えになると思っています。今人類が共有すべき理念とは、互いを認め合う「和の精神」です。そしてそれを世界に発信すべき役割が日本にはあると思います。

なぜならば、今人類は深い共生観を持つことができていません。これまでの人類の歩みは互いに「自分たちの考え方が正義である」という主張をぶつけ合うものでした。しかし、その一元的な価値観が、戦争やテロを引き起こし、今現在も衝突はとどまることがありません。

世界において、異なった価値観が共生することが、これからの時代に求められているのです。互いを認め合うことがその第一歩です。ただ異なった価値観が共存するだけでは不十分です。この異なった価値観を互いに学び合うとき、そこに進化、深化が起こります。

日本には、日本古来の価値観がありますが、日本人は自分たちの価値観だけが素晴らしく、他の価値観を受け入れないとは考えていません。異なった価値観だとしても、それがよいものであれば柔軟に受け入れてきました。

共生の精神が育まれてきた日本がこれから目指すべきところはダイバーシティの概念を社会の中に取り入れていくことです。ダイバーシティとは男女の性別や人種の違いに限らず、年齢、学歴、価値観などの多様性を認め受け入れていくことです。広く人材を活用するという経営戦略として使われる言葉ですが、今まで日本で育まれてきた共生の精神とも重なるところがあります。

つまり、自分と他者との違いがあることを認めながら、互いが互いを認め合うということができるのが日本の共生の精神です。そして、ダイバーシティとは共生という姿勢があって初めて根づいていくことだと考えています。違いがあっても、それを認め合うことが日本人は得意であると考えています。だからこそ、今後はそうした精神文化を活かし、それぞれがダイバーシティ概念を取り入れ、働き方、生活環境などに対してプラスとなるような働きかけをしていってもらいたいのです。

日本型のリーダーシップが求められている

異質なものを排除し、受け入れないということでは、そこに争いが起こります。しかし、日本は外国の文化であっても良いものは取り入れていくことによって、他者を認めるという精神性を養ってきました。

したがって、日本的な和の精神を世界に広げていくということは、決して日本が世界を征服するということではありません。世界に広めていく価値観は「多様性の受容」であり、「共生の思想」にほかならないのです。もし世界が多様性を受け入れず、共生の思想を育まなければ、人類全体が存続することは難しいといえます。

「資源が無限にある」という幻想が許される時代は、すでに終わっています。環境破壊も広がり、地球温暖化も進み、地球全体の気候がおかしくなっています。これらは、人類が引き起こしたものにほかならず、人類存続のためには、人類自身のあり方が変わっていかなければならないことは明らかです。

そして、限られた資源、限られた空間において、互いを活かし合いながら共生していく叡智は、やはりこの日本にあります。なぜなら、昔から日本は狭い島国であり、限られた資源と限られた空間の中で多くの人々が共生していくための叡智を育んできたからです。

よく知られているように、イギリスやフランスで、まだ下水道も整備されていなかった時代に、江戸という都市は、世界でも有数の環境共生都市を実現していました。こうしたことを含め、日本人は長年にわたって培ってきた「共生の叡智」を、リーダーシップを持って、広く世界に発信していかなければならないと思います。

日本のリーダーシップは、これまで世界をリードしてきた欧米型リーダーシップではありません。「われわれの考え方が正しいから、あなた方もわれわれの考え方に従いなさい」といった発想に基づくリーダーシップではなく、「互いに考え方が違うことを認め合い、互いの考え方を謙虚に学び合う」という思想に基づくリーダーシップなのです。そうした日本型のリーダーシップこそが、今、世界で求められているのです。

外交を啓育的視点から考えると、それは他者との競争ではないということです。教育では他者との能力の比較で優劣を判断することが一つの物差しとしてありました。しかし、啓育とはそれぞれの多様な能力を活かし合うことです。

日本がとるべき外交政策とは、他国との比較で優位を主張したり、他国を従わせたりするのではなく、今まで日本が育んできた精神を外交の場でも活かしていくことです。互いに違うことを認め合い、お互いがお互いを受け入れることができて初めて、世界は新たな時代に進むことができるのではないでしょうか。

あとがき

日本は戦後復興、高度経済成長を経て、経済大国となりました。奇跡とも称されるこの経済成長を支えたのが、日本人の持つ勤勉性であったことは間違いないと思います。日本では、勉強においても仕事においても、勤勉性が評価されてきました。そして、そのことによって確かに日本は物資的に豊かな国になったといえます。

一方で、本書でも述べましたが、二〇一九年の国連の世界幸福度調査で、日本は世界一五六カ国中五八位という結果でした。これはなぜでしょうか。

その原因は、「教育」的思考から転換できていない日本社会の構造にあるというのが、私の持論です。世界を見回しても、日本ほど子供が学校や塾で朝から晩まで勉強する国はありません。会社でもハードに、長時間働いています。しかし、一人当たりの労働生産性は先進七カ国の中で最下位であり、賃金の水準も下位に甘んじています。

私は、このままの「教育」的思考が続くかぎり、日本の将来は暗いものとなってしまうのではないかと危惧しています。あえて「ユートピアか、デストピアか」と聞かれれば、デストピアの世界が連想されます。

現在、日本社会は少子高齢化が進み、経済成長率も非常に低くなっています。このような現状から日本が抜け出すためには、今までのような社会福祉政策や労働政策から転換し、啓育的な視点に立った政策を進めていくべきです。つまり、今までの延長線上にあるものの考え方では、日本は衰退国家となってしまいます。

では、どうすべきか。私はその答えが「啓育」的思考であると考えています。一人ひとりが意識のパラダイムシフトをできるかどうかが、今後はますます重要となってきます。

今から百五十年前、福沢諭吉は「一身独立して一国独立す」という言葉を遺しました。これは現代にも通用する言葉です。一人ひとりの精神の独立があって初めて、国家も近代国家の仲間入りができると福沢諭吉は考え、『学問のすゝめ』を著しましたが、今の日本でも同じことが言えるのではないでしょうか。

国際社会の中で日本がその地位を確立し、どの国からも認められ、そして一人ひとりが日本に生まれてきてよかったと思えるようになるためには、やはり国民一人ひとりがこの国の将来を考え、自立して、主体的に行動していくことが必要です。そのためには、人生を自らの力によって切り拓いていこうとする志が大切です。福沢諭吉のいう「学問」は、私が考える「啓育的視点」の学問と同じです。

これまで私たちは、暗記・記憶力という一つの物差しで人の能力を評価してきました。しかし、その暗記・記憶という能力では、人間はコンピュータに敵わなくなっています。一台のスマートフォンのほうがはるかに知識量は多く、インプットには優れています。

こうした時代を迎えながら、今までと同じような「教育」を学校や企業、社会全体で進めていくわけにはいきません。大半の仕事において、人間よりもAIやロボットのほうが優位に立つ時代が訪れようとしています。ユヴァル・ノア・ハラリ氏は巨大な「無用者階級」が誕生すると言っています。こうした時代を迎える前に、私たち一人ひとりがもう一度、自分自身に問いかけ、自ら行動することを始めていかなければいけません。

これから私たちは、生きがいややりがい、そして生きる意味を根本的に問われてくると思います。今までは仕事にそれらを求めてきました。しかし、次の時代にはその答えとしての仕事が無くなっているかもしれないのです。

「志は何か」「幸福とは何か」――こうしたことが、すべての人に問われてくる時代です。今までとは違い、「働かなくても、生きていくことはできる」という時代がくるかもしれません。そのときに、私たちは人生にどのような価値を見出すのでしょうか。

私はその答え導き出すのが「啓育」であると信じています。すべての人が自らの能力に気づき、自ら考え、主体的に行動することができれば、人生における生きがいややりがいを見つけることができると思っています。そのためには、今までのような「教育」的な視点から離れる必要があります。

社会全体の意識が「啓育」的視点へと転換し、誰もが自ら志を抱き、社会との関りを持ちながら人生を歩んでいけるようになることを願っています。

私は、今後さらに「啓育」的視点から考え、教育・経済・福祉などさまざまな分野で問題提起を行い、よりよい社会を目指して、政治家として歩んでいきたいと考えています。

最後に、本書の出版に協力してくれた中村恭平秘書に感謝の言葉を送らせていただきます。

さらに、米寿を迎える母・下村富子に感謝を捧げたいと思います。母は三十二歳で父・正雄と死別し、当時九歳の私と五歳と一歳の弟たちをひたむきに育ててくれました。その母の姿を見ながら、私たち兄弟は今日まで歩んでくることができました。

そして、本書を読んでくださったすべての皆様に感謝申し上げます。

令和元年七月吉日

下村　博文

著者略歴

下村 博文（しもむら はくぶん）

昭和29年群馬県生まれ。早稲田大学教育学部卒業。平成元年東京都議会議員に初当選。自民党都連青年部長、都議会厚生文教委員会委員長などを歴任し２期７年を務め、平成８年第41回衆議院総選挙において東京11区より初当選。2019年７月時点で８期目。

９歳の時、父の突然の交通事故死により苦しい生活がはじまる。高校・大学を奨学金のおかげで卒業できた。その間、多くの人々に助けられ「皆に恩返しを」という気持ちが高まる。また大学時代に交通遺児育英会の活動、早稲田大学雄弁会の幹事長等を経験し、日本をリードしていく情熱あふれる人々との出会いにより、自分の進むべき道は政治家であると確信する。

以来、その使命感が原動力となり、行き詰まった政治システムを再興し、「教育改革を通して日本の再構築」を実現することを目標とし、人の役に立つことが自分の人生の喜びであることを念頭に活動している。

自民党青年局長、法務大臣政務官、議院運営委員会理事議事進行係（第70代目）、第二次小泉内閣の文部科学大臣政務官、自民党国対副委員長、内閣官房副長官を歴任。自由民主党シャドウ・キャビネット文部科学大臣、自民党教育再生実行本部長を経て、文部科学大臣、2020年東京オリンピック・パラリンピック担当大臣、教育再生担当大臣、自由民主党総裁特別補佐兼特命担当副幹事長、自由民主党幹事長代行を務めた。現在は自由民主党憲法改正推進本部長として活躍中。単著に『世界を照らす日本のこころ』(IBCパブリッシング)、『下村博文の教育立国論』（河出書房新社）など。共著に『志の力』（小社刊）などがある。

日本の未来を創る「啓育立国」

2019年（令和元年）8月11日　第1刷発行
2019年（令和元年）10月19日　第2刷発行

著　者――下村博文
発行者――青木仁志
発行所――アチーブメント株式会社
〒135-0063　東京都江東区有明3-7-18
有明セントラルタワー19F
TEL 03-6858-0311(代)／FAX 03-6858-3781
https://achievement.co.jp
発売所――アチーブメント出版株式会社
〒141-0031　東京都品川区西五反田2-19-2
荒久ビル4F
TEL 03-5719-5503／FAX 03-5719-5513
http://www.achibook.co.jp
Twitter　@achibook
Facebook　https://www.facebook.com/achibook
Instagram　achievementpublishing

装　丁――鈴木大輔（ソウルデザイン）
本文ＤＴＰ――キヅキブックス

印刷・製本――株式会社光邦

　ISBN 978-4-86643-054-6